教师教育系列教材

美术·手工实践教程

（微课版）

宋春雨　冯　亮　于凤清　宫　敏　主　编

清华大学出版社

北　京

内 容 简 介

本书严格依照教育部关于《幼儿园教育指导纲要(试行)》和《国家中长期教育改革和发展规划纲要(2010—2020年)》等的有关规定进行编写。本书主要内容有纸工造型，泥塑，布艺造型，绳编、苇艺与草编，综合材料制作，教师徒手画6个章节，由浅入深、由易到难地示范与讲解了手工教学的基本理论及实践知识。

本书不仅能使学生参与各种美术活动，尝试各种工具、材料和制作过程，激发学生学习美术手工的兴趣，体验制作过程的乐趣，还能丰富他们的视觉和触觉感受，同时培养幼儿教师的综合素质、实践能力、审美能力和创新能力。本书的编写兼顾了传统工艺美术的传承与初等教育的教学实际，图文并茂，通俗易懂，从而在理论上与工艺技巧上更好地指导学生的创作，同时可以为学前教育与初等教育培养出新型人才。

本书配有教学视频，以方便教师和学生灵活地采用不同的教与学的活动形式，从而达到优化教学的目的。

图书在版编目(CIP)数据

美术·手工实践教程：微课版/宋春雨等主编. —北京：清华大学出版社，2021.7(2025.5重印)
教师教育系列教材
ISBN 978-7-302-58280-9

Ⅰ. ①美… Ⅱ. ①宋… Ⅲ. ①学前教育—手工课—师资培训—教材 Ⅳ. ①G613.6

中国版本图书馆CIP数据核字(2021)第105779号

责任编辑： 陈冬梅
封面设计： 刘孝琼
责任校对： 李玉茹
责任印制： 杨 艳
出版发行： 清华大学出版社
网 址： https://www.tup.com.cn, https://www.wqxuetang.com
地 址： 北京清华大学学研大厦A座 **邮 编：** 100084
社 总 机： 010-83470000 **邮 购：** 010-62786544
投稿与读者服务： 010-62776969, c-service@tup.tsinghua.edu.cn
质量反馈： 010-62772015, zhiliang@tup.tsinghua.edu.cn
课件下载： https://www.tup.com.cn , 010-62791865
印 装 者： 三河市君旺印务有限公司
经 销： 全国新华书店
开 本： 185mm×260mm **印 张：** 11.25 **字 数：** 270千字
版 次： 2021年7月第1版 **印 次：** 2025年5月第3次印刷
定 价： 49.80元

产品编号：088401-01

前　言

国务院在《关于当前发展学前教育的若干意见》及《国家中长期教育改革和发展规划纲要(2010—2020年)》中指出，要积极发展学前教育，促进学前教育事业科学发展；并且提出如下意见：把发展学前教育摆在更加重要的位置。因此“学前教育是终身教育的起点”，这样的观点越来越深入人心。随着时代的发展、人们的生活质量和思想水平的不断提高，学前教育也越来越受到重视。学前教育是终身学习的开端，是国民教育体系的重要组成部分，是重要的社会公益事业，所以人们对从事学前教育教师的专业素质也提出了越来越高的要求。因此，国家培养了大批高层次的专门人才，为我国学前教育事业储备了宝贵的人力资源。

在学前教育这一专门的学科中，美术手工作为必修的专业科目，也成为综合素质教育中重要的组成部分，其不但对学前教育的全面发展有着重要意义，还对促进幼儿教育的全面发展有着重要意义。所以，对学前教育专业教学中美术手工方面的教学要更加重视，这样才能培养更多、更优秀的教师，让幼儿教育更加科学化和专业化，有着十分重要的意义。

本书编写组本着严谨的学术态度，针对学前教育的特点和需要，并严格依照教育部关于《幼儿园教育指导纲要(试行)》和《国家中长期教育改革和发展规划纲要(2010—2020年)》等有关规定进行编写。本书由沈阳大学宋春雨、冯亮、于凤清、宫敏主编。

本书主要在于激发学生学习美术手工的兴趣和爱好，并提高幼儿教师的综合素质，通过参与各种美术实践活动，不但能使学生体验制作过程的乐趣，还能丰富他们对于美的直观感受，培养他们的创造力。

本书主要适于学前教育专业使用，也可供同类学科学习参考。在教学过程中可以根据实际情况进行分类教学，为学前教育培养出新型的人才。

本书在编写的过程中，参考和借鉴了一些涉及美术手工方面的资料、专著及专家学者的研究成果，也得到了许多手工方面老师的支持，在此一并表示感谢。由于编者水平有限，书中难免存在一些不足之处，还请广大读者批评指正，将不胜感激。

编　者

目　录

第一章　纸工造型

学习目标

- 折纸的技巧与方法
- 剪纸的表现方法与制作
- 纸版画的特点与制作技法
- 浮雕的基本形式
- 纸立体的工具与制作技法

重点与难点

- 折纸的符号语言
- 剪纸的制作过程
- 纸版画的历史与工艺

第一节　折　　纸

折纸.mp4

一、折纸概述

图1-1　折纸

折纸(见图1-1)又称“工艺折纸”，是一种将纸张折成各种不同形状的艺术活动。

折纸起源于中国，是我国传统的民间手工艺术之一，深受人们的喜爱。在折纸出现后的2000多年里，折纸慢慢发展为一项不仅是儿童的玩具，也是一种有益身心、开发智力和思维的活动。手工折纸已经成为快乐的源泉、艺术的享受。折纸因其材料易得、制作流程简便而普及。

折纸是训练人的综合协调能力及培养审美感知的途径之一。折纸造型富于变化，生动可爱，立体感强。实践证明，折纸具有良好的教育功效。在折纸的制作过程中，一张张纸经过“折”“叠”“剪”“翻”“拉”，展现出美丽的花朵、可爱的动物、生活中的小物件、高楼桥梁……制作折纸作品需要手眼并用，需要观察、夸张、创造，对于促进儿童大脑发育大有裨益。手指的运动还可以提高大脑的活力，因此折纸也是一种使人延缓衰老的好方法，甚至可以让人重新焕发青春。国外一些疗养院就以折纸作为病人康复的治疗途径。

折纸是幼儿园美术教学中必不可少的组成部分和幼儿活动的主要内容，是幼儿师范学生美术学习的必修课程。

折纸材料种类繁多，一般要根据折制的内容选择颜色鲜艳、薄厚适合的纸张进行制作，如海报纸、白纸、双面彩纸、牛皮纸等。制作折纸作品通常选用矩形纸张，即正方形或者长方形的纸作为材料。从平面到立体形象，折纸体现出很好的秩序和规律，形象夸张、抽象。这一特点被人们世代传承，形成模式。为了创造出更多的生动造型，人们在折纸制作过程中使用工具，如剪刀、刻刀等进行剪切，使创造的形象产生双耳、四足，造型富于变化。

二、基础技巧与方法

制作折纸作品的时候，首先要了解折纸的符号语言和折纸起首的基本折叠方法。

(一)折纸的符号语言

1. 谷线 ------

谷线即谷折线，是折纸中最常用的线。谷线用长虚线表示，意为往前折。

2. 峰线 -.-.-.-.-.-

峰线即山折线，与谷线相反。峰线用点虚线表示，意为往后折。

3. 已有折痕 ------------

已有折痕，用细直线表示，通常为标示出之前折过的位置所用。

4. 隐藏部分 ……………

隐藏部分用短虚线表示，意为非表层纸张的折叠。

5. 正折 ⟶

正折表示往前折，一般与谷线配合使用。

6. 反折

反折表示往后折，一般与峰线配合使用。

7. 剪开

剪开即用剪刀或其他工具将纸张剪开。

8. 翻折

翻折表示转向，即把作品翻个面。

(二)符号语言图解

折纸的符号语言图解如图1-2、图1-3所示。

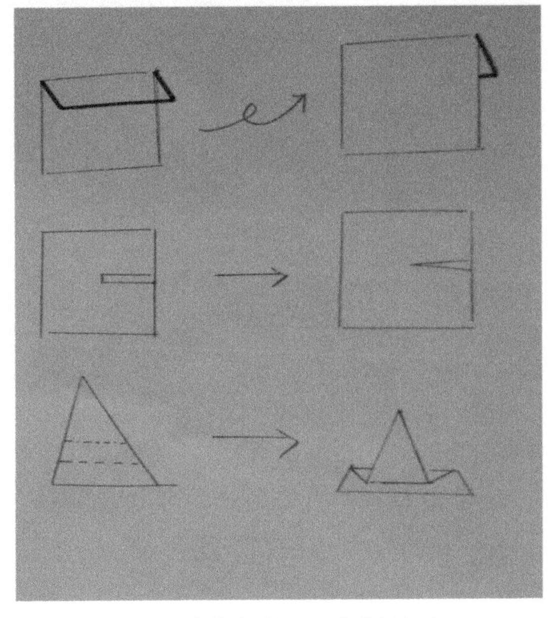

图1-2 折纸的符号语言图解(一)

图1-3 折纸的符号语言图解(二)

(三)基本折法图解

(1) 对角折，如图1-4所示。
(2) 对边折，如图1-5所示。
(3) 四角向中心点折，如图1-6所示。
(4) 向内翻折，如图1-7所示。
(5) 向外翻折，如图1-8所示。
(6) 折双三角形，如图1-9所示。
(7) 折双正方形，如图1-10所示。

图1-4 对角折

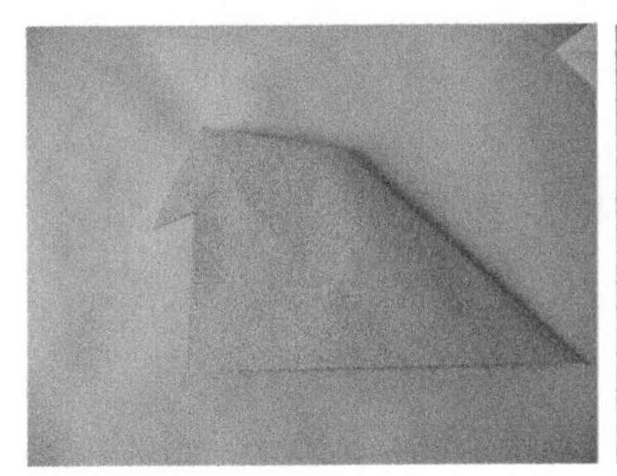

图1-5 对边折

图1-6 四角向中心点折

图1-7 向内翻折

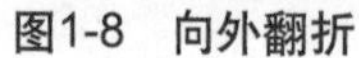

图1-8　向外翻折

图1-9　折双三角形

图1-10　折双正方形

三、注意事项

我们在压取折痕时要制作得非常明显，如用指尖在折叠处来回划几次。还应确保每一步的折叠都尽可能正确，如果折叠有误，那最后的步骤往往不对称或者纸张出现许多褶皱，影响作品的效果。在学习制作折纸时，要用大的纸，从简单的入手，不要开始就尝试很难的折纸制作。可以使用正反不同颜色的纸张，这样就能清楚地确认作品的内外面。制作过程中要角与角、边与边分别对齐，这样我们就能够制作出漂亮的折纸作品了。

四、教学案例应用

(一)折纸马

折纸马的制作步骤如图1-11~图1-18所示。

图1-11　步骤一

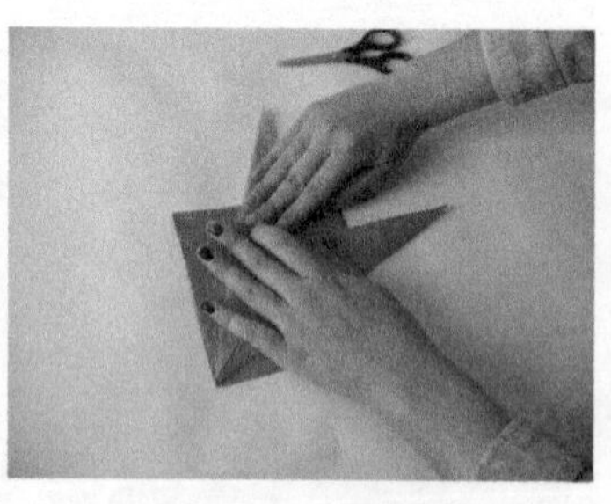

图1-12　步骤二

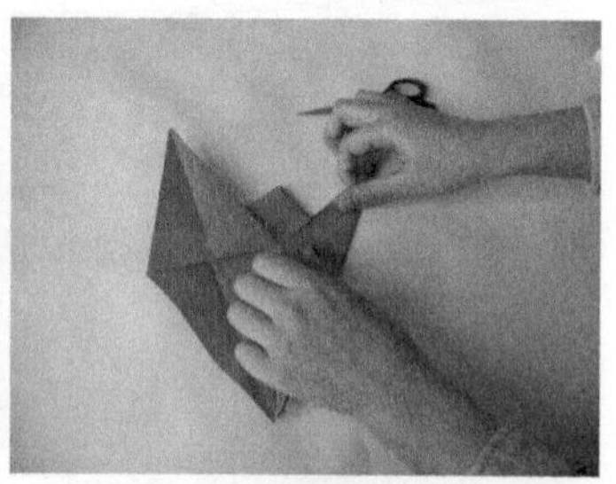

图1-13　步骤三

图1-14　步骤四

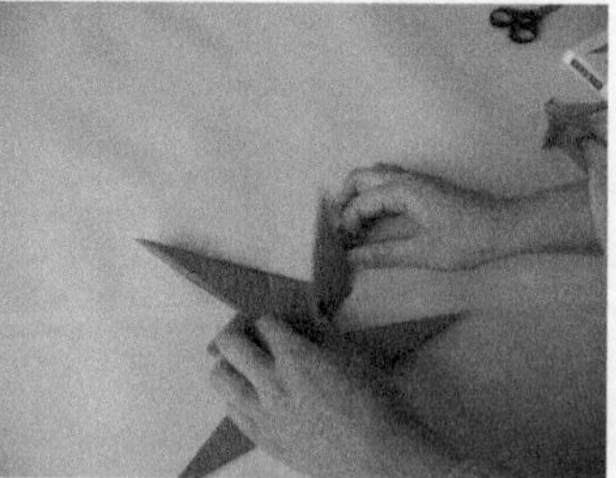

图1-15　步骤五

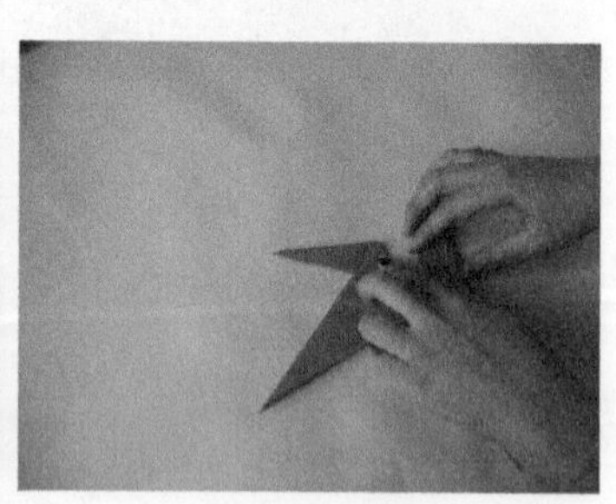

图1-16　步骤六

图1-17　步骤七

图1-18　步骤八

(二)折纸小鸟

折纸小鸟的制作步骤如图1-19~图1-30所示。

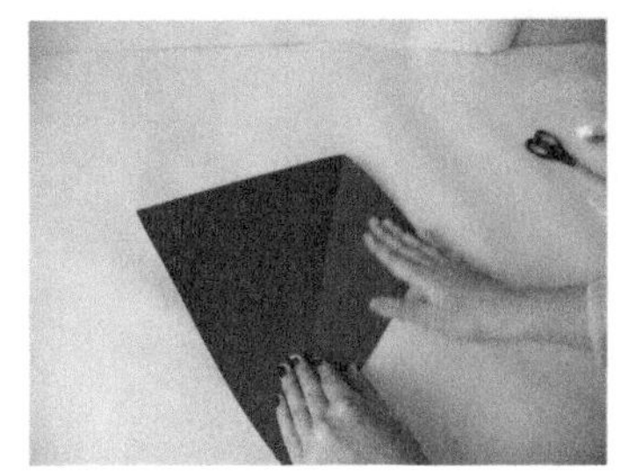

图1-19　步骤一

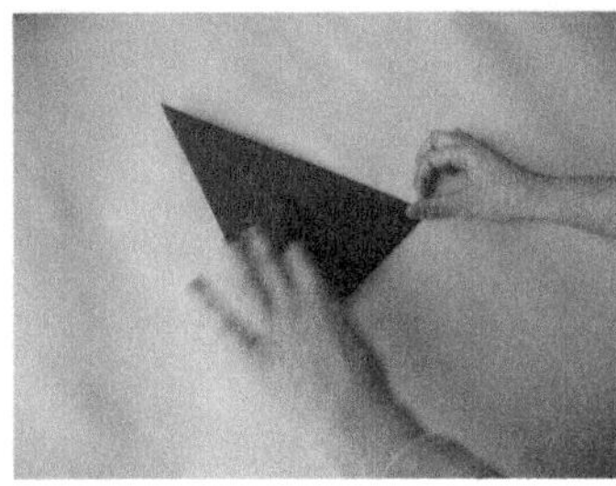

图1-20　步骤二

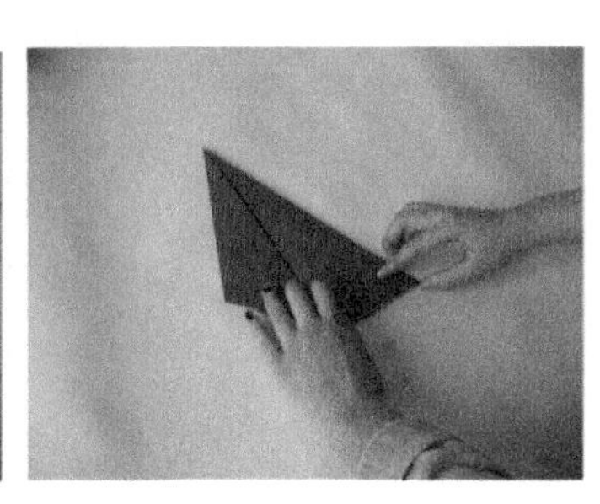

图1-21　步骤三

图1-22　步骤四

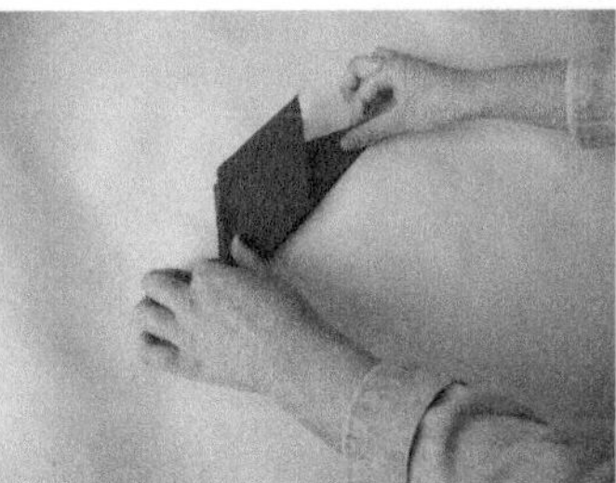

图1-23　步骤五

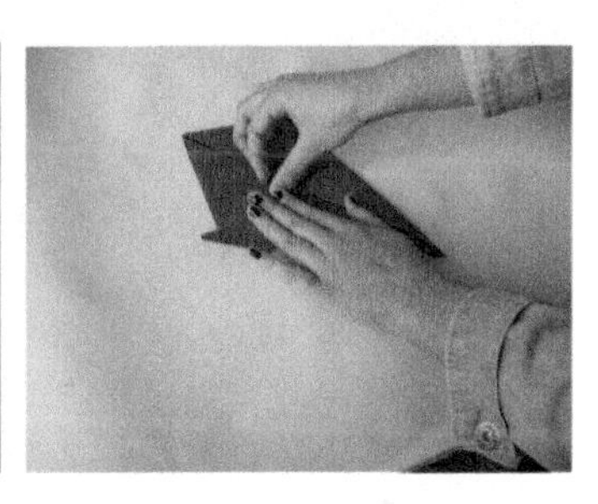

图1-24　步骤六

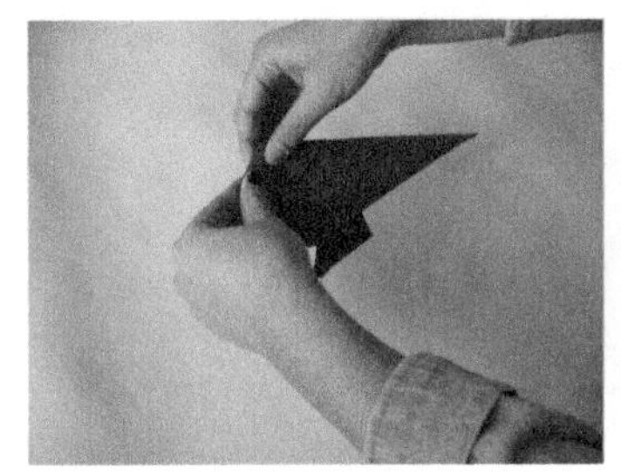

图1-25　步骤七

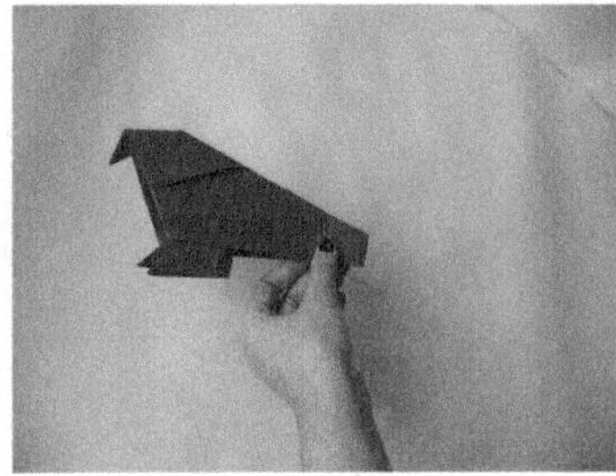

图1-26　步骤八

图1-27　步骤九

图1-28　步骤十

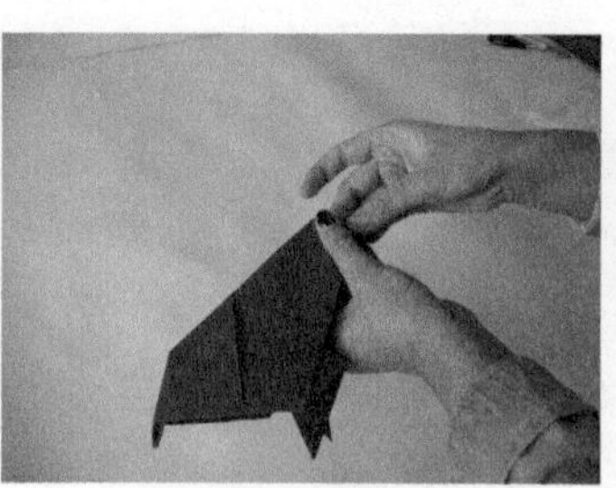

图1-29　步骤十一

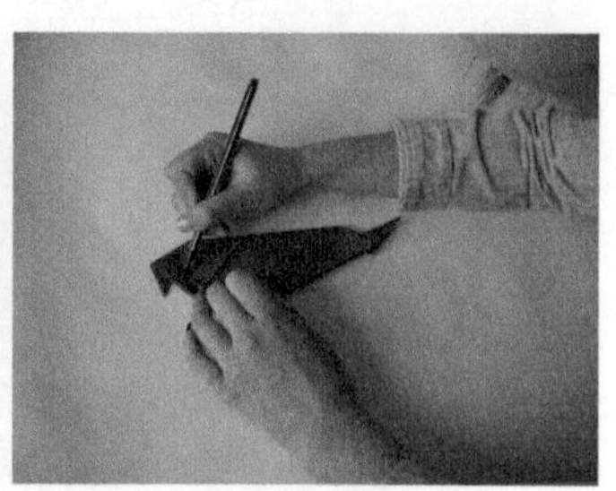

图1-30　步骤十二

(三)折纸青蛙

折纸青蛙(1)的制作步骤如图1-31~图1-38所示。

图1-31　步骤一

图1-32　步骤二

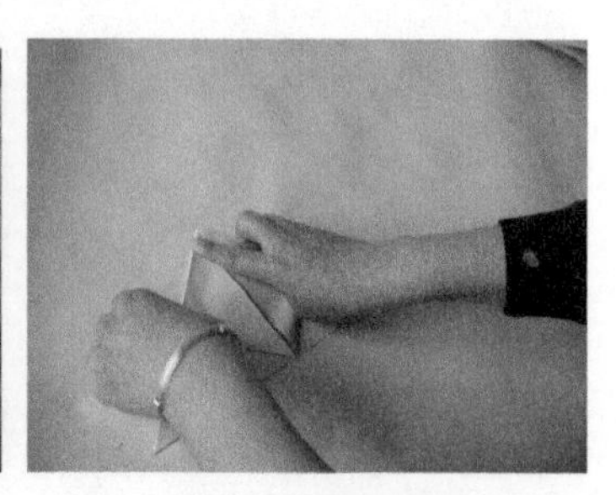

图1-33　步骤三

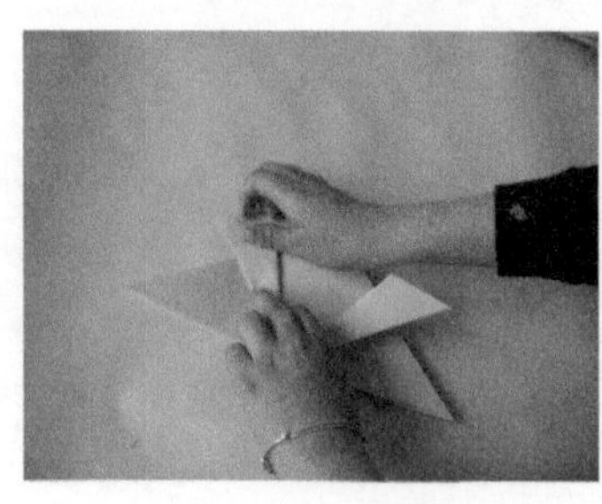

图1-34　步骤四

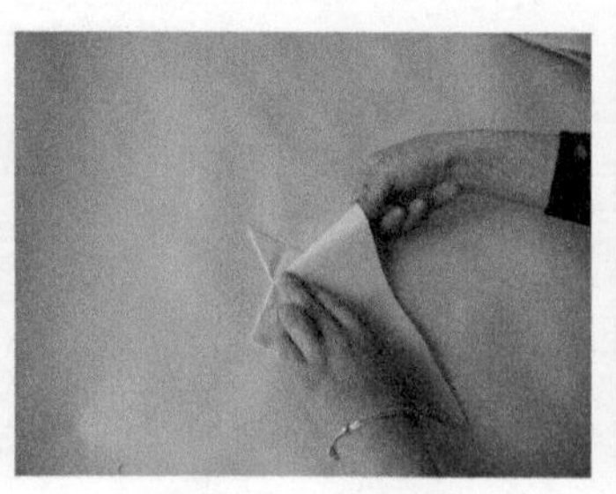

图1-35　步骤五

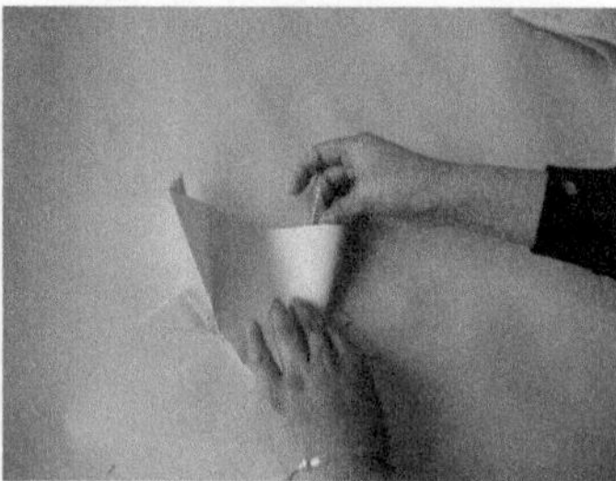

图1-36　步骤六

图1-37　步骤七

图1-38　步骤八

折纸青蛙(2)的制作步骤及效果图如图1-39~图1-53所示。

图1-39　步骤一

图1-40　步骤二

图1-41　步骤三

图1-42　步骤四

图1-43　步骤五

图1-44　步骤六

图1-45　步骤七

图1-46　步骤八

图1-47　步骤九

图1-48　步骤十

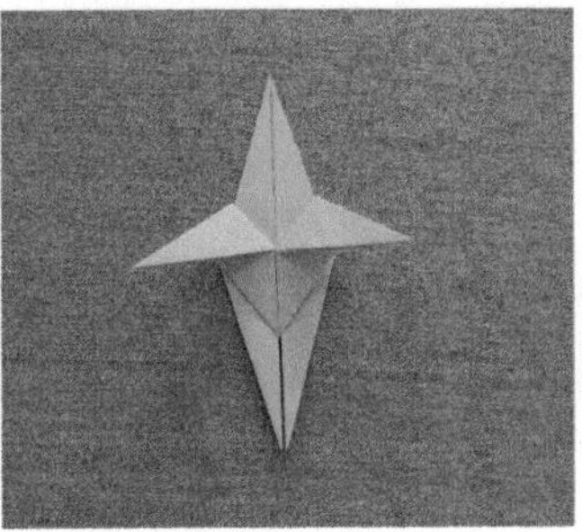
图1-49　步骤十一

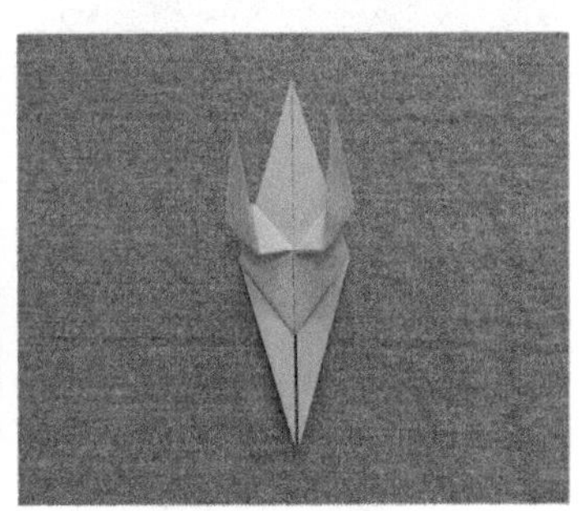
图1-50　步骤十二

图1-51 步骤十三

图1-52 步骤十四

图1-53 最终效果图

(四)折纸螃蟹

折纸螃蟹的制作步骤如图1-54~图1-65所示。

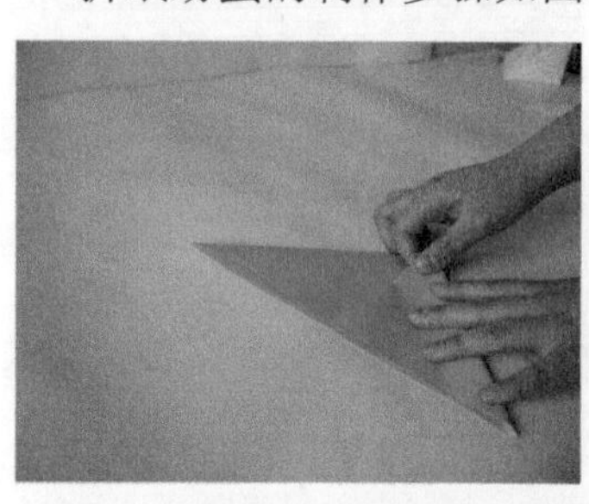

图1-54 步骤一

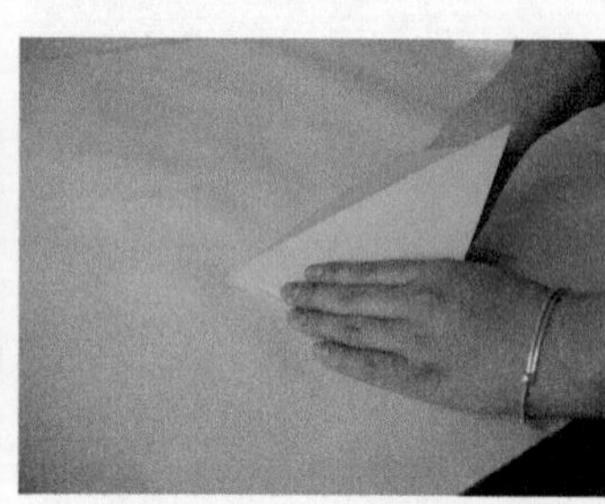

图1-55 步骤二

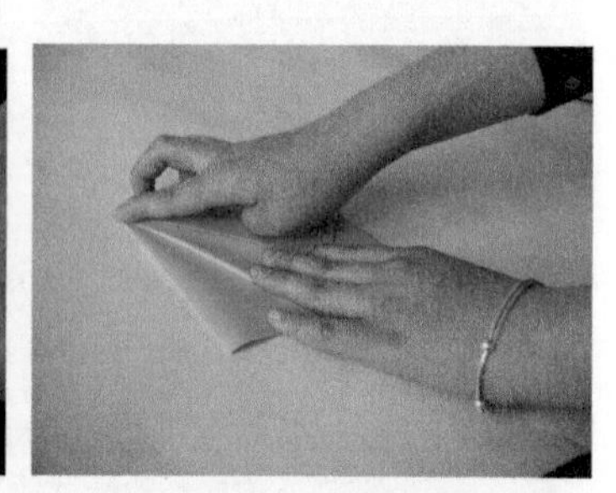

图1-56 步骤三

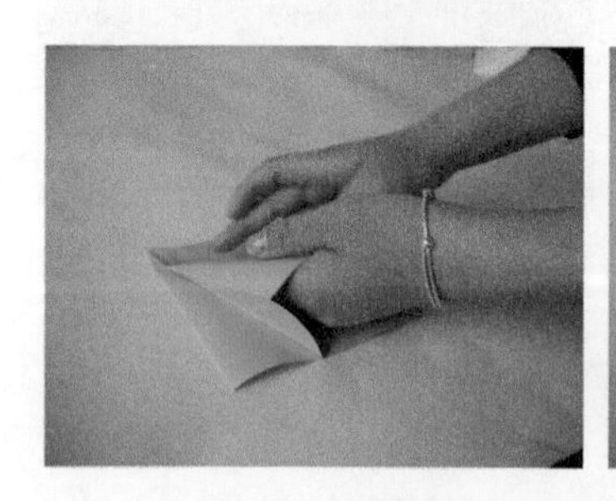

图1-57 步骤四

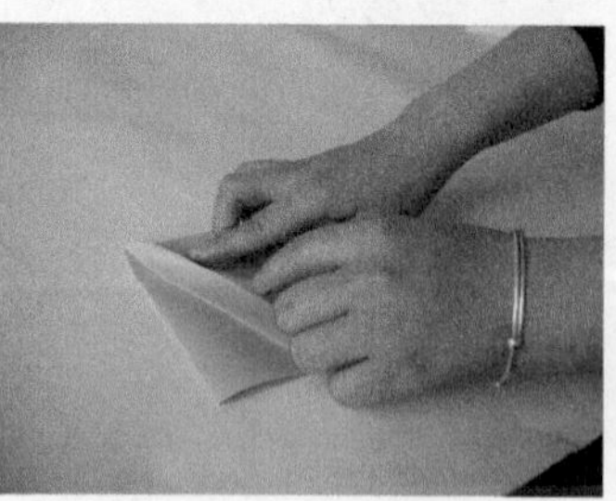

图1-58 步骤五

图1-59 步骤六

图1-60 步骤七

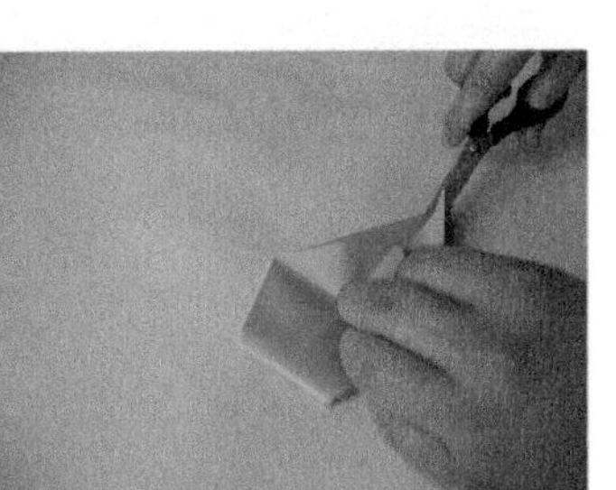
图1-61 步骤八

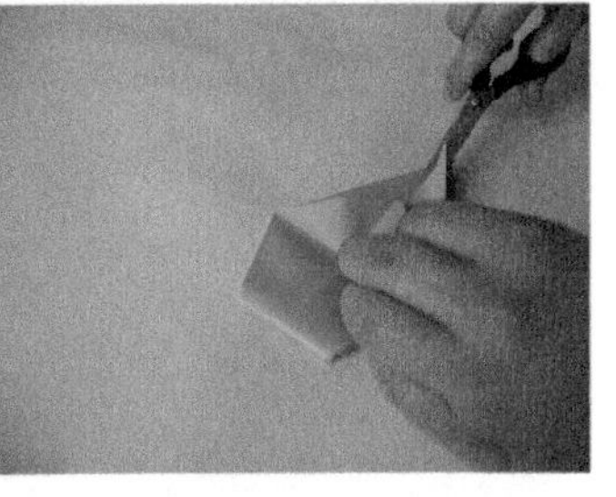
图1-62 步骤九

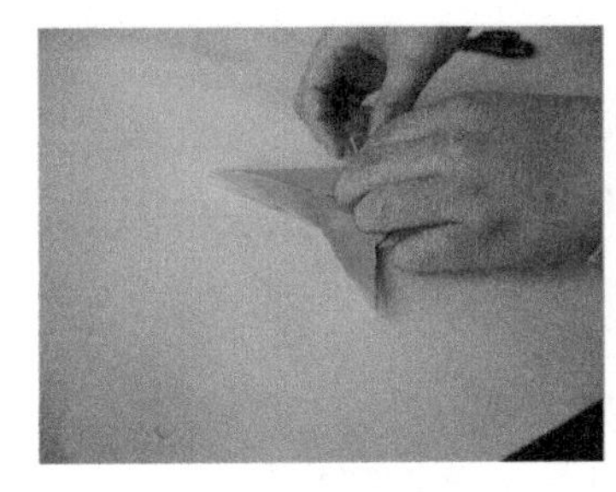
图1-63 步骤十

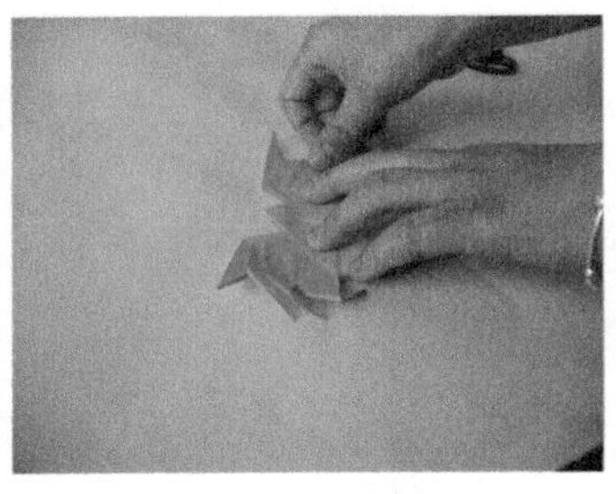
图1-64 步骤十一

图1-65 步骤十二

(五)折纸百合花

折纸百合花的制作步骤如图1-66~图1-76所示。

图1-66 步骤一

图1-67 步骤二

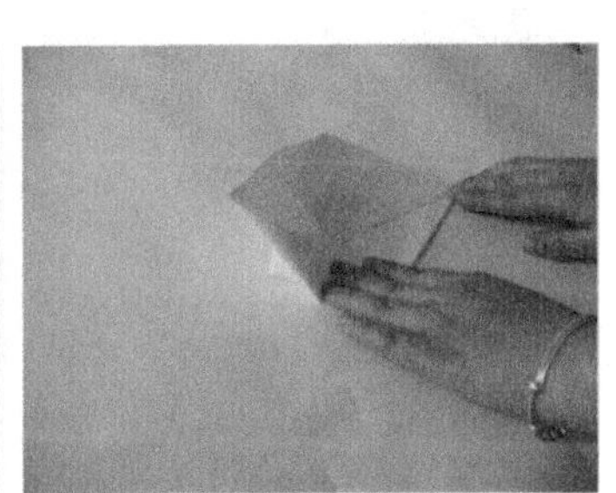
图1-68 步骤三

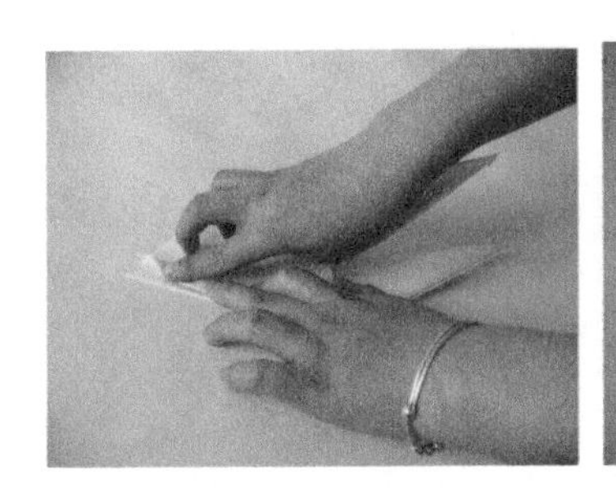
图1-69 步骤四

图1-70 步骤五

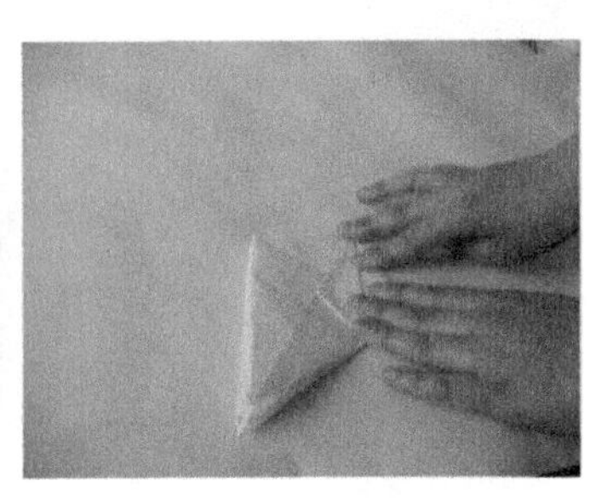
图1-71 步骤六

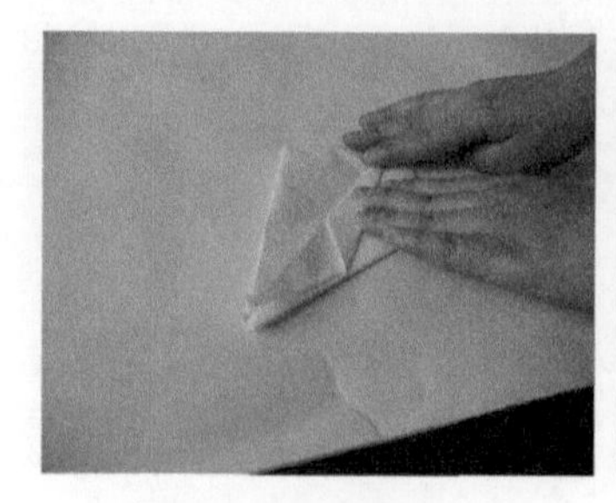
图1-72　步骤七

图1-73　步骤八

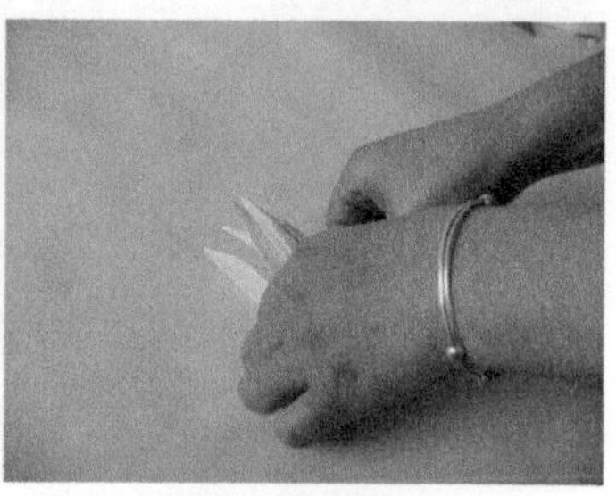
图1-74　步骤九

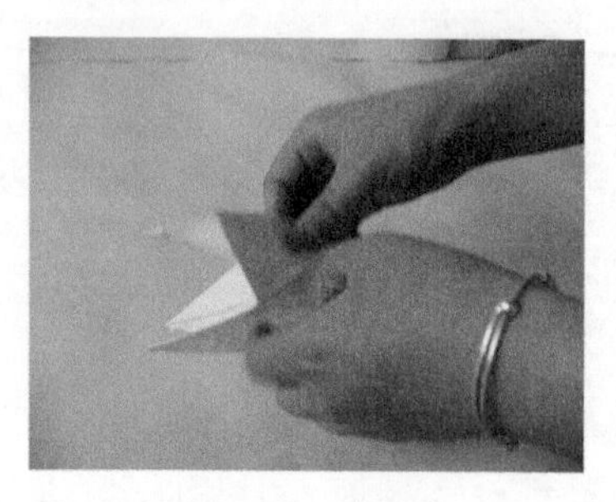
图1-75　步骤十

图1-76　步骤十一

(六)折纸孔雀

折纸孔雀的制作步骤及最终效果如图1-77~图1-91所示。

图1-77　步骤一

图1-78　步骤二

图1-79　步骤三

图1-80　步骤四

图1-81　步骤五

图1-82　步骤六

图1-83 步骤七

图1-84 步骤八

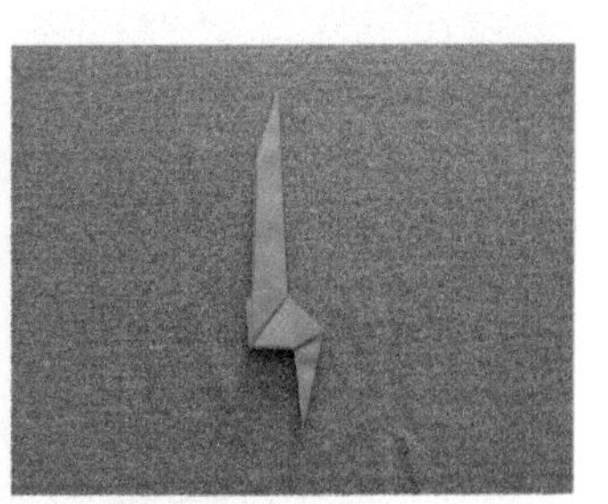

图1-85 步骤九

图1-86 步骤十

图1-87 步骤十一

图1-88 步骤十二

图1-89 步骤十三

图1-90 步骤十四

图1-91 最终效果图

(七)折纸衣服

折纸衣服的制作步骤及最终效果如图1-92~图1-107所示。

图1-92　步骤一

图1-93　步骤二

图1-94　步骤三

图1-95　步骤四

图1-96　步骤五

图1-97　步骤六

图1-98　步骤七

图1-99　步骤八

图1-100　步骤九

图1-101　步骤十

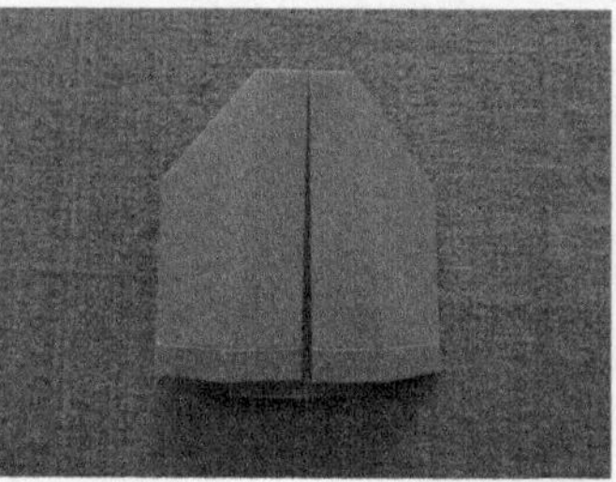
图1-102　步骤十一

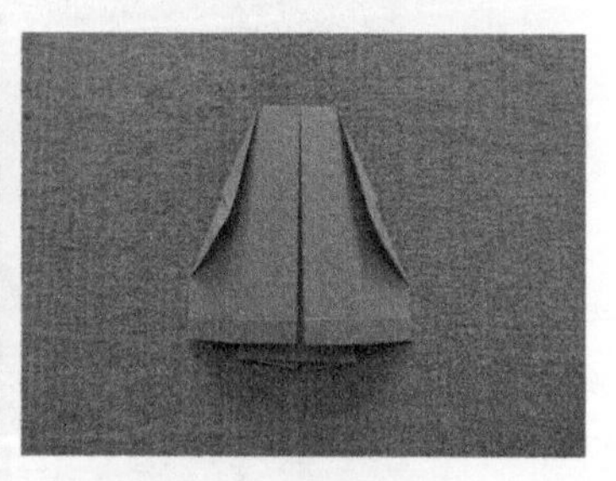
图1-103　步骤十二

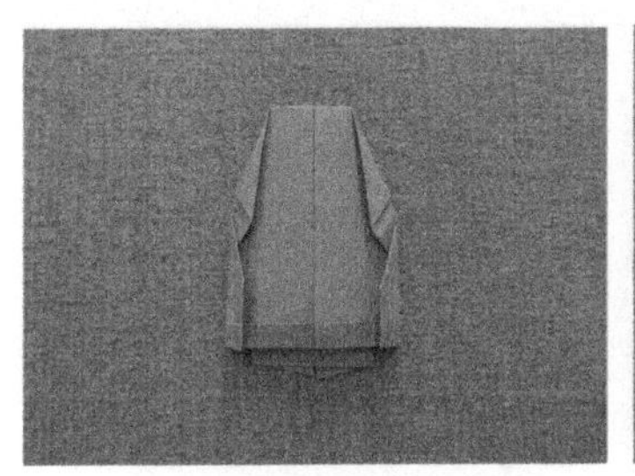
图1-104　步骤十三

图1-105　步骤十四

图1-106　步骤十五

图1-107　最终效果图

(八)折纸船

折纸船的制作步骤及最终效果如图1-108~图1-126所示。

图1-108　步骤一

图1-109　步骤二

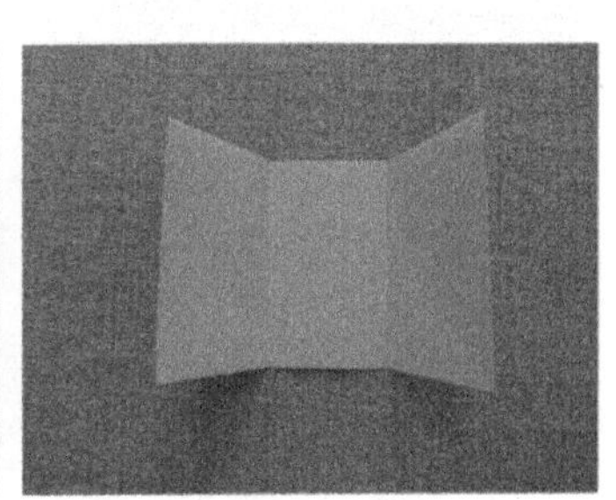
图1-110　步骤三

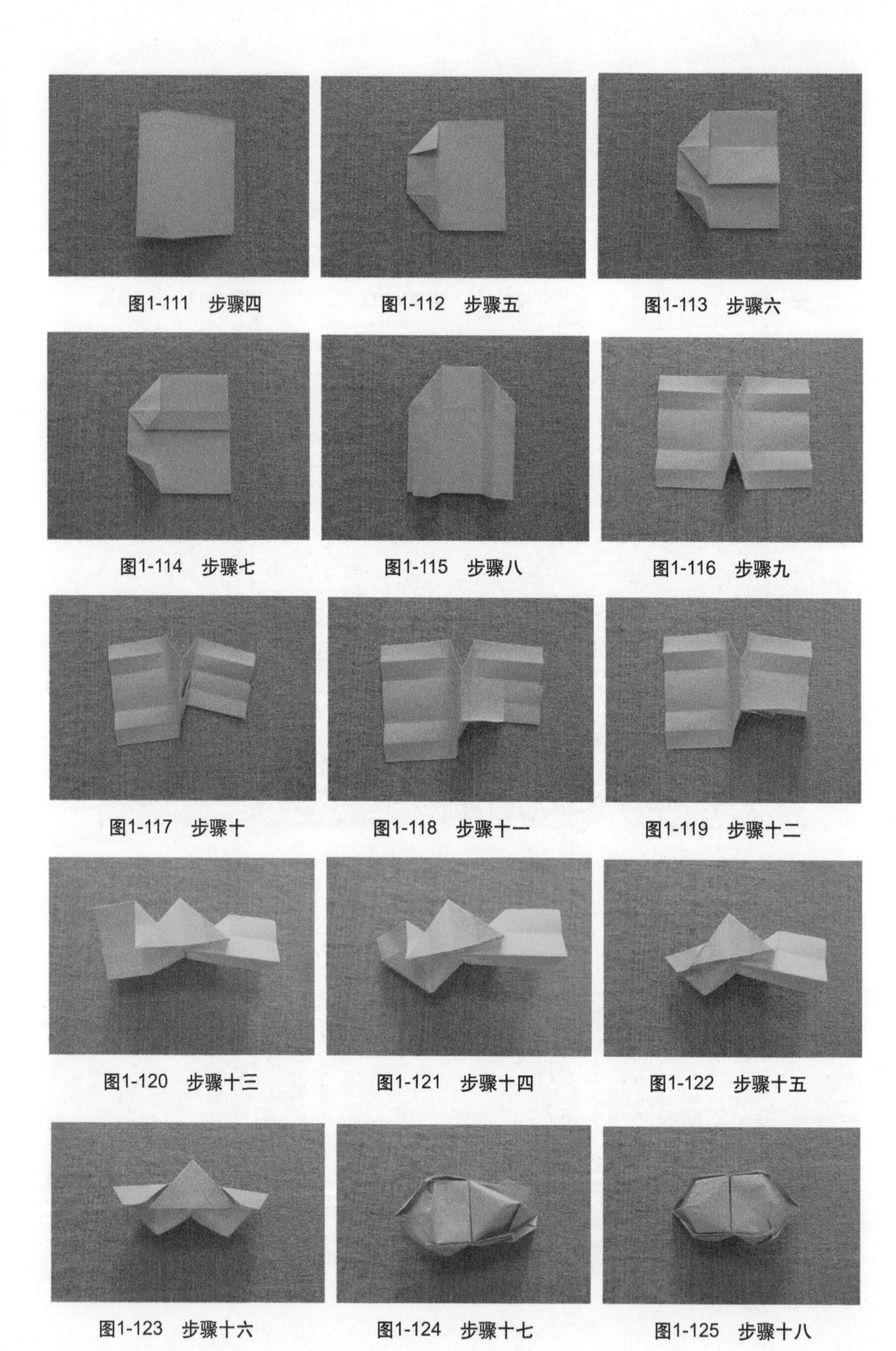

图1-111　步骤四

图1-112　步骤五

图1-113　步骤六

图1-114　步骤七

图1-115　步骤八

图1-116　步骤九

图1-117　步骤十

图1-118　步骤十一

图1-119　步骤十二

图1-120　步骤十三

图1-121　步骤十四

图1-122　步骤十五

图1-123　步骤十六

图1-124　步骤十七

图1-125　步骤十八

图1-126 最终效果图

折纸过程充满了探索与发现，用纸折成的物品可以用作果盘、笔筒等，既实用又美观。

折纸作品是很好的装饰环境的材料之一。在幼儿园我们可以利用折纸作品的立体效果装饰墙面，制作玩教具。折纸可以培养、训练儿童的协调性、准确性、注意力、观察力和想象力，使儿童建立空间感，培养儿童的创造能力。通过折纸，儿童的动手能力可以得到提高，大脑可以得到最大限度的开发，其他知识的学习也可以得到促进(见图1-127)。

图1-127 《小制作陈列区》/折纸作品/沈阳大学师范学院

第二节 剪 纸

剪纸.mp4

一、剪纸概述

剪纸，是中国最古老的民间艺术之一，它是在材料面上镂空雕刻图像的艺术。郭沫若有诗云："曾见北国之窗花，其味天真而浑厚，今见南方之刻纸，玲珑剔透得未有，一剪之趣夺神功，美在民间永不朽。"剪纸以很强的装饰性、趣味性，显示出其独特的生命力，并因其材料易得、成本低廉、美观大方、适应面广而受到广大群众的喜爱。它就像一颗颗灿烂的星星，装饰着房屋，美化着环境，丰富着人们的生活。这种亲切的、朴素的、通俗美观的艺术表现形式，能抒发劳动人民的真情实感、审美爱好，蕴含着民族的社会深层心理，是中国最具特色的民间工艺之一。

目前发现最早的剪纸作品是1959年在新疆出土的南北朝时期的《对猴》《对马》团花剪纸，它们距今已有1500多年的历史(见图1-128、图1-129)。

图1-128 《对猴》/剪纸作品/南北朝时期

图1-129 《对马》/剪纸作品/南北朝时期

从技法上讲，《对猴》《对马》并不是萌芽的原始状态，因为其在艺术表现方面已相当成熟了。可以想象，劳动人民在相当长的时期里，为了表达对美的追求和对幸福生活的向往，有意识地从陶器、铜器、织绣等具有民族特色的工艺品花纹中，慢慢地演变出了我国特有的剪纸艺术。从材料方面来说，除了最常用的各种纸张外，剪纸还可以用金属薄片、树叶、布、绢等材料来制作。

隋唐时期，剪纸艺术已处于大发展时期，民间还出现了利用剪纸形式制作的漏版印花版，人们用厚纸刻成花版，将染料漏印到布匹上，形成美丽的图案。隋唐以后，剪纸艺术不断发展，尤其是到了明清时期，剪纸手工艺术走向成熟，并达到鼎盛时期。其运用范围更加广泛，如彩灯上的花饰、扇面上的纹饰以及刺绣的花样等，无一不是利用剪纸作为装饰再加工的。

剪纸艺术发展至今，逐渐演变成用剪刀剪和刀刻两种制作方式。前者借助于剪刀，剪完后再将几张(一般不超过8张)剪纸粘贴起来，最后再用锋利的剪刀对图案进行加工。后者则是先将纸张折成数叠，放在由动物脂肪组成的松软的混合体上，然后用小刀慢慢刻画。和剪刀剪相比，刀刻的一个优势就是一次可以加工成多个剪纸图案。由于剪纸的工具材料简单普及，技法容易掌握，有着其他艺术门类不可替代的特性，因而剪纸一直深受人民群众的喜爱。

二、剪纸的题材与表现方法

剪纸起源于民间，因此，剪纸的题材与内容必然要受到社会历史、习俗、生产、政治、宗教等方面的影响。

(一)剪纸的题材与内容

剪纸的题材与内容主要反映在以下几个方面。

1. 祈祥纳福

由于我国劳动人民长期以来饱受封建统治阶级的压迫和剥削，加上饥荒、战乱，他们常常生活贫困、动荡不安，所以，他们就有着渴望美好生活的强烈愿望。因此，在剪纸中就有许许多多反映幸福安乐、吉祥如意的内容。这些作品构思非常巧妙，常常利用谐音、借喻、变形、比拟等各种手法，将抽象的概念用具体的形象表达出来(见图1-130、图1-131)。

图1-130 《十二生肖》/剪纸作品/李君

图1-131 《丰收》/剪纸作品/李君

2. 故事传说

故事传说类剪纸多取材于劳动人民耳熟能详或喜闻乐见的故事和传说。比如“牛郎织女”“劈山救母”等民间传说，《红楼梦》《西厢记》《白蛇传》《西游记》《水浒传》《杨家将》等历史戏剧人物，以及《老鼠啃蜡台》《猴子吃桃》《回娘家》等情趣幽默的民间故事。

3. 风情习俗

剪纸在逢年过节、结婚、生子、贺寿以及宗教礼仪方面应用特别广泛。如每年春节期间，房屋打扫干净后，一定要在窗户、房屋四壁、粮仓处贴上新剪的窗花、门神等(见图1-132~图1-135)。

4. 现代剪纸

传统的剪纸在内容上难免有许多迷信色彩，我们在学习时应当批判地继承，重要的是学习其艺术手法，来表现和美化我们的新生活。今天，在学习传统剪纸的基础上，又出现了一批反映新时代、新生活的剪纸创作。这类剪纸虽然艺术实践的时间较短，但是，它适应了现代人的审美情趣，满足了现代人的精神需要。因此，现代剪纸必然会随着社会的发展日趋完善，并不断地向前发展(见图1-136、图1-137)。

图1-132　《牧归》/剪纸作品/李君

图1-133　《吉祥如意》/剪纸作品/李君

图1-134　《农家乐》/剪纸作品/李君

图1-135　《欢乐农家》/剪纸作品/李君

图1-136　《希望》/剪纸作品/李君

图1-137　《新婚》/剪纸作品/李君

(二)剪纸的表现方法

剪纸的表现方法有很多，这里重点归纳为单色剪纸和彩色剪纸两种。

1. 单色剪纸

单色剪纸也称“黑白剪纸”，是指只有一种颜色的剪纸，有红、绿、褐、黑、白等，是流行最广、数量最多的一种剪纸。一般来说，美化室内环境以及烘托喜庆气氛的单色剪纸，以红色为主，用于刺绣的则为白色。单色剪纸虚实对比强烈，黑白明快醒目，作风单纯大方，感染力强。

(1) 折叠剪法。折叠剪法就是将一张方纸折叠三四折后，在上面画上图样，剪好图样展开后，一个或几个图样重复出现围成一圈，并呈圆形，这种形式称为团花。这样的剪纸图样也称为折叠剪纸(见图1-138)。

(2) 对称剪法。对称剪法就是将一张正方形纸从中间对折，在上面画出图样，剪好的图样，左右(或上下)两半图样完全吻合。这样的剪纸图样叫作对称剪纸(见图1-139)。

图1-138 《吉祥》/剪纸作品/李君

图1-139 《喜上枝头》/剪纸作品/李君

2. 彩色剪纸

彩色剪纸是以数张彩纸分剪后拼贴成图，或以白纸依稿剪成，再染上、填上各种颜色；也可以先剪成主板，衬上白纸后再染上、填上各种颜色。

(1) 衬色剪纸。衬色剪纸是以白色的底稿线条作为线条轮廓，选取的图案多是阴刻剪纸，还可在作品之下衬以各种深红或深蓝颜色，从而呈现黑白对比或红白鲜明的效果(见图1-140)。

(2) 套色剪纸。套色剪纸是剪纸艺术中应用较为广泛的一种表现方法，多采用已完成的阳刻主稿拼贴上所需要的各种色纸。其主稿所使用的材料多采用较厚实的纸或者绫缎、绒布等高级材料。在颜色方面宜用深浓色，这样，套起来得心应手(见图1-141)。

(3) 点色剪纸。点色剪纸也叫染色剪纸，是在单层或多层纸上剪刻好的成品上点上各种色彩。对其着色时，可以用纯色或混色，这种剪纸通常采用阴刻法，这样便于大块染色。点色剪纸色彩强烈，乡土气息浓郁(见图1-142)。

(4) 分色剪纸。分色剪纸基本上属于单色剪纸的拼贴，近似剪贴画(见图1-143)。

图1-140 《熊猫钓鱼》/剪纸作品/孙娟

图1-141 《纹样》/剪纸作品/张影娜

图1-142 《舞蹈》/剪纸作品/李君

图1-143 《兔》/剪纸作品/翟阿宝

三、教学案例应用

(一)剪纸的制作

1. 剪纸的工具和材料

剪纸的工具和材料非常简单，主要有剪刀、刻刀、刻盘、垫板、订书机、纸张等。

1) 剪刀

剪刀是剪纸最常用的工具，市面上出售的普通剪刀就可以使用。在挑选时，一般应尽量采用刀身轻巧、刀口咬合整齐、刀尖锐利、松紧适度的为好。

2) 刻刀、刻盘

刻刀、刻盘是刻纸的主要工具，主要有斜口刀和圆口刀两种，小型美工刀，或用锯条磨制成的自制刻刀也可以使用。

3) 垫板

刻纸时需要使用垫板。厚硬纸板、废旧杂志、地板胶块和平滑三合板均可用作垫板。玻璃板容易损坏刀锋，因而不适用，如果经济条件允许最好选用美工专业刻纸板。

4) 订书机

订书机是用来固定纸张的，几张纸一起剪的时候，用订书机订住四周，然后再剪，就不容易走样。

5) 纸张

纸张是剪纸的基本材料。纸张选择得好能带来很多方便。喜庆剪纸剪出的作品传统味道浓，但颜色单调，蜡光纸很适用于套色和分色，其缺点是太滑、会反光，且易褪色。宣纸便于保留且易于染色。对于民间单色剪纸使用大红色纸，套色剪纸的主稿可用黑色或深色纸，套色部分用彩色纸，染色剪纸可用白色生宣纸。普通剪纸一般采用蜡光纸或其他材质的纸，只需根据不同的纹样选择不同类型、不同颜色的纸张，这样可使得剪刻出来的纹样更富有艺术性。

2. 制作

1) 单色剪纸的制作方法

单色剪纸与黑白木刻有类似之处，如它们都是从单一底色中镂去不同形式的空白，区别在于木刻刀铲去木版的局部表层，余下部分(阳线)仍牢牢地生根于木版上，且其点、线、面可断可连、可聚可散，随意分布在画面上的任何位置。而剪纸所用的薄纸，性娇柔，易起皱，易断损，剪完后要提得起、贴得上。线与线(阳线)必须相连交织而成一体，只有剪去的部分(阴线)才是互相隔断的。

(1) 选题材。画草稿前，应注意收集、整理有关剪纸的书籍、画册、图片及剪纸原稿，收集得越多越好，再从中挑选出一批最喜欢也想创作的剪纸，然后放在前面细细观察、琢磨。

(2) 起草稿。选出一张剪纸，对画面进行具体的描绘，画出黑白效果。如果要剪对称的稿子，画一半即可。初学者可以采用“绘样模剪”的方法。“绘样”有两种方法：一种是单线描绘，就是只画图形的外轮廓；另一种是完全按照剪纸的模样双勾描绘。两种“绘样模剪”的顺序，应是先双勾描绘，后单线描绘。

要想保留草稿原稿，就应先将样稿复制到红纸或黑纸的背面上，然后再用订书机或大头针将几张红纸或黑纸订在一起进行剪刻。这样做，一是能保留原稿，留做下次备用；二是一次能剪刻出数张作品。但要注意文字剪刻出来后正反面的误差性。

(3) 剪刻。剪刻时对于不要的部位必须剪断，要将剪刻下来的碎纸片轻轻去掉，不能生硬地用手来撕；否则，剪纸会带毛边从而影响画面的美观。

(4) 揭离。剪刻完毕后，需要将剪纸揭开。因纸质轻薄，容易互相粘连，较难揭开，所以在揭离之前，应先将第一张纸角轻轻揭起，以便揭开。

2) 套色剪纸的制作方法

套色剪纸主稿通常用黑色，也可以根据具体的表观对象选择颜色。套色剪纸关键在于用色。用色既要衬托主体，使作品具有丰富的层次感，又要注意装饰用色规律。不必盲目求真，面面俱到，应从内容出发，大胆用色。同时，用色还要注意恰到好处，宁缺毋滥。

套色剪纸制作步骤如下。

(1) 先剪好底稿。

(2) 将需要套色的部位用拷贝纸(透明的纸)描下来。

(3) 用事先设计好的颜色纸一一剪下。

(4) 将剪制好的衬色纸依次贴于主稿背面。

3. 剪纸的鉴赏与保存

剪纸作品是应该具备一定标准的，剪纸的鉴赏可从以下6个方面进行。

1) 线线相连与线线相断

剪纸作品由于是在纸上剪出或刻出的，因此必须采取镂空的办法，由于有镂空、阳纹的剪纸必须线线相连，阴纹的剪纸必须线线相断，如果将一部分的线条剪断了，就会使整张剪纸支离破碎，无法形成画面，因此，就产生了“千刻不落，万剪不断”的结构。这是剪纸艺术的一个重要特点。剪纸很讲究线条，因为剪纸的画面就是由线条构成的。根据实践经验可将剪纸的线条归纳为五个字：圆、尖、方、缺、线。要求其达到：“圆如秋月、尖如麦芒、方如青砖、缺如锯齿、线如胡须。”可以说，线条是剪纸造型的基础。

2) 玲珑剔透

剪纸艺术语言的一个很重要的特点就是所有的形象都是在玲珑剔透的形式中塑造。这除了要求剪纸有一定的工具和材料性能以外，还要求剪纸具有“透光”的实用性能。尤其是“窗花”更要求如此，否则，一幅剪纸贴在窗户上把室外的光线全都挡住了，既不透光，也不美观。

3) 构图造型图案化

在构图上，剪纸不同于其他绘画，它较难表现三度空间、场景和形象的层层重叠。剪纸主要依据形象在内容上的联系，较多地使用组合的手法，由于在造型上可具有夸张变形，剪纸又可运用一些图案形式美的规律，如进行对称、平衡、组合、连续等处理。剪纸可以把所有的物象同时放置在一个空间内，常见的有“层层垒高”或并用“隔物换景”的形式。

4) 形象夸张，简洁、优美，富有节奏感

受工具和材料的局限，要求剪纸在处理形象时，既要抓住物象特征，又要做到线条连接自然。因此，就不能采取自然主义的写实手法。要求抓住物象的主要部分，大胆舍去次要部分，使主体一目了然；要突出对象形体，形成朴实、大方的优美感；要使对象姿态优美，就像舞台上的动作一样，富有节奏感。

5) 色彩单纯、明快

剪纸的色彩要求在简中求繁，少进行同类色、类似色、邻近色的配置。要求在对比色中求协调。同时还要注意用色的比例。如用一种主要颜色形成主调时，其他颜色在对比度上可以不同程度地减弱。有时碰到各种颜色并置起来，这样会稍有生硬的感觉，那么就应将它们分别套入黑色。在运用金色为主的主稿里，一般可获得协调、明快的感觉。

6) 刀法要“稳、准、巧”

民间剪纸的许多特点和风格都是由刀法上的一定技巧而产生的，当同时刻制数量比较多的剪纸时，在刀法的运用上，要切不要划，切出来的剪纸比划出来的剪纸显得厚实。用刀时必须像手拿钢锯一样，上下来回切动，用力要刚劲、均匀，否则刀在纸里就会失去灵活性。握刀上下必须垂直，刻出的剪纸才会准确。在剪纸时，下刀和起刀必须做到“准”，特别是在刀与刀连接的地方，“说下就下，说起就起”；否则，线条就容易被刀刻断或者因刻不断而将剪纸撕坏。

这里的“巧”主要是指运用巧刀刻出的“锯齿”和“月牙儿”。这是剪纸刀法中很重要的两种刀法。这两种刀法运用得恰当，就能形成剪纸艺术独有的“刀味纸感”。

(二)剪纸作品的保存

由于剪纸作品是通过剪刻镂空后由线条或块面组成的图案，“牵一发将动全身”，所以如何保存好剪纸是一项非常细致的工作。

剪纸作品裱糊好后，要充分晾干、压平。压平干燥后的作品即可装框，可展示、悬挂，也可收卷。

黑白剪纸作品的保存一般不需要装裱，可直接装框或展示，亦可选择合适的薄膜袋或相册保存剪纸。应该放在干燥、尽量密闭的地方平压保存。要注意每张剪纸之间都要用薄膜隔开，一套剪纸要统一包装，避免造成取某一张剪纸时抽着其他剪纸而造成损伤。

对于一些篇幅比较大的剪纸作品不宜采用卷筒式保存方法，否则剪纸的一些边角容易折叠损坏，影响美观，理想的办法是用瓦楞纸板夹住平放，这样重新打开后剪纸作品依然平整无缺。如果剪纸需要保存较长时间，还需注意防虫咬，所以，在存放剪纸的地方要放一些卫生球，以防虫害。另外，注意经常翻动，以利通风。在潮湿地区、梅雨季节还须加强防潮措施。彩色剪纸的保存主要是考虑防止褪色的问题，所以，用来保存彩色剪纸的材料不宜选用吸水性强的纸张，最好是用绘图用的拷贝纸或硫酸纸，这种纸吸水性极差，因此彩色剪纸的颜色一般不会被吸取，它又具有较好的透明度，用来保存剪纸也比较美观。

(三)剪纸步骤与作品欣赏

剪纸实际应用如图1-144~图1-181所示。

1. 剪纸步骤

1) 双喜字

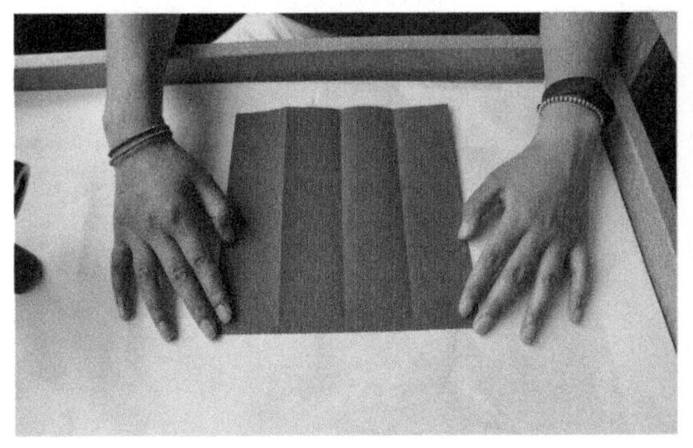

图1-144　《双喜字》步骤一

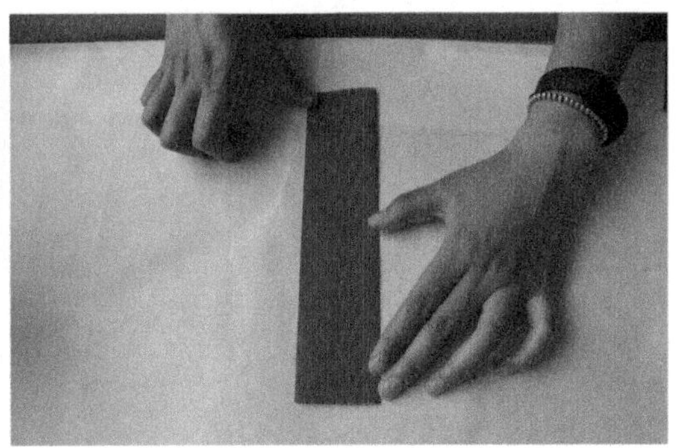

图1-145　《双喜字》步骤二

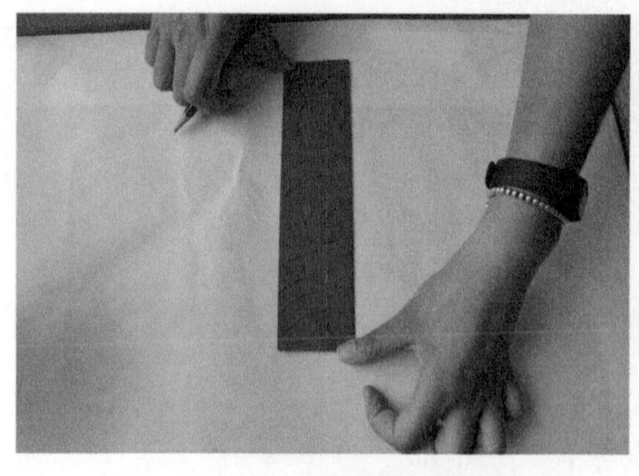

图1-146 《双喜字》步骤三

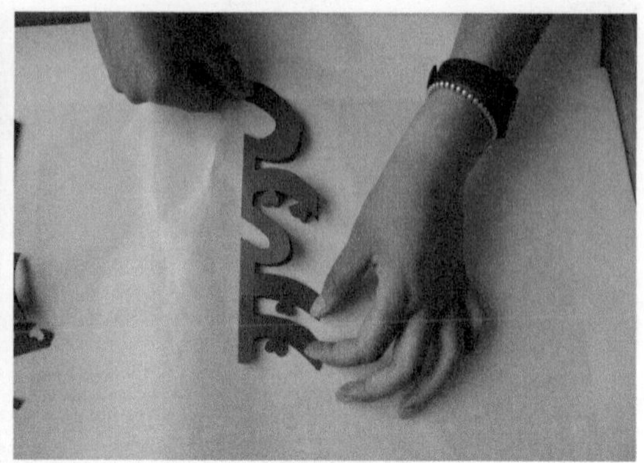

图1-147 《双喜字》步骤四

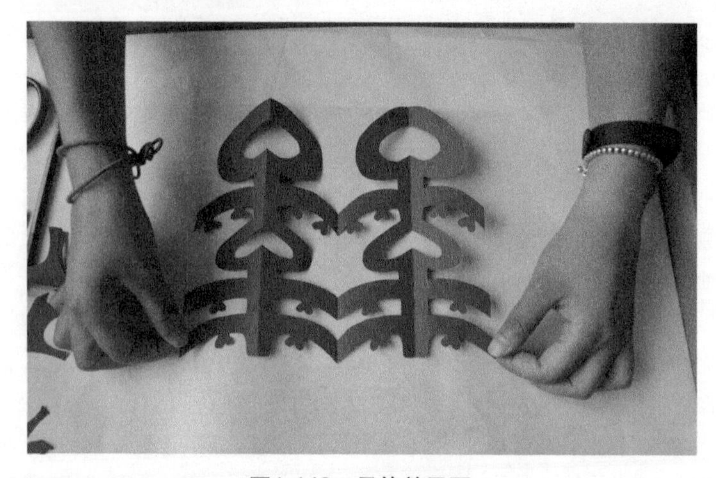

图1-148 最终效果图

2) 团花

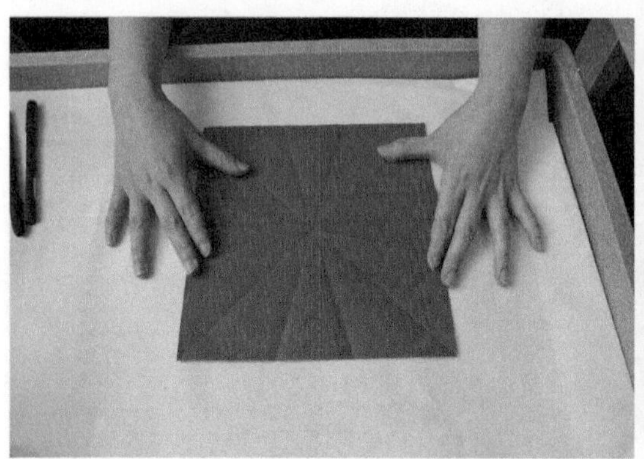

图1-149 《团花》步骤一

图1-150 《团花》步骤二

图1-151 《团花》步骤三

图1-152 《团花》步骤四

图1-153 《团花》步骤五

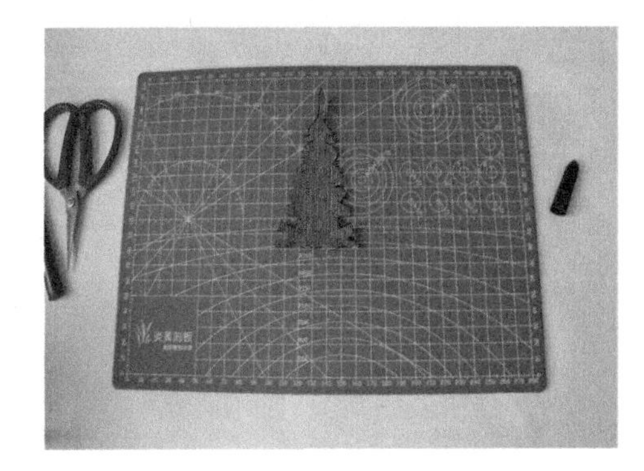
图1-154 《团花》步骤六

图1-155 《团花》步骤七

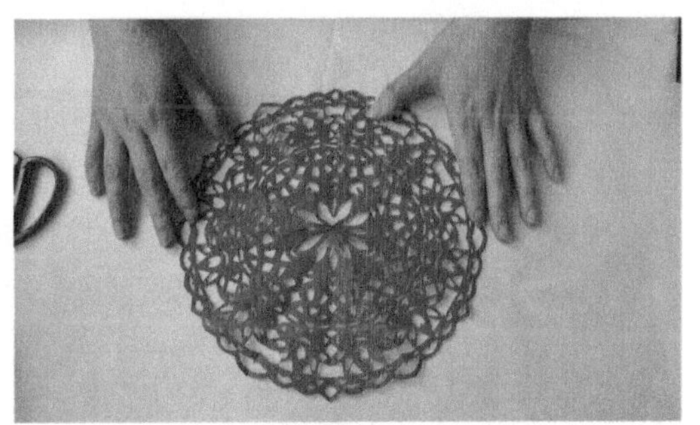
图1-156 《团花》步骤八

3) 石榴

图1-157 《石榴》步骤一

图1-158 《石榴》步骤二

图1-159　《石榴》步骤三

图1-160　《石榴》步骤四

图1-161　《石榴》步骤五

图1-162　《石榴》步骤六

图1-163　《石榴》步骤七

图1-164　《石榴》步骤八

图1-165　《石榴》步骤九

图1-166　《石榴》步骤十

2. 剪纸作品欣赏

图1-167 《三阳开泰》/剪纸作品/李君

图1-168 《幸福一家人》/剪纸作品/李君

图1-169 《孔雀开屏》/剪纸作品/李君

图1-170 《孔雀舞》/剪纸作品/李君

图1-171 《鱼》/剪纸作品/李君

图1-172　《猪》/剪纸作品/乔莹莹

图1-173　《报喜》/剪纸作品/乔莹莹

图1-174　《寿》/剪纸作品/乔莹莹

图1-175　《喜》/剪纸作品/丁黎

图1-176　《福》/剪纸作品/丁黎

图1-177　《天鹅》/剪纸作品/窦超

图1-178 《池塘》/剪纸作品/赵月

图1-179 《花》/剪纸作品/苍轶睿

图1-180 《蝴蝶》/剪纸作品/崔双双

图1-181 《池塘》/剪纸作品/杨慧洁

第三节 纸 版 画

一、纸版画概述

纸版画是以“版”作为媒介，有别于架上绘画，有独特的艺术表现方式。在技术上，其一直伴随着印刷术的发明与发展，并在中国文化艺术史上具有独立的艺术地位。

中国现存最早的版画，有一款刻年月的，是举世闻名的咸通本《金刚般若波罗蜜多经卷首图》(见图1-182)。

根据题记，其作于唐咸通九年(公元868)。四川成都唐墓出土的至德本版画，据估计比咸通本早约100年。其内容题材以宗教经卷为主。

宋元时期的佛教版画，在唐、五代的基础上又有了进一步的发展。其刻本章法完善，体势遒劲，同时，在经卷中也开始出现山水景物图形。其他题材的版画，如科技知识与文艺门类的书籍、图册等也有大量的雕印作品。

图1-182　《金刚般若波罗蜜多经卷首图》/纸版画作品

明清两代是中国版画的高峰时期，在许多文人、书商、刻工的共同努力下，出现了各种版刻流派，他们创作出了大量优秀的作品，呈现出欣欣向荣的局面。明代的出版家、书画家胡正言于1633年刊刻的《十竹斋画谱》(见图1-183、图1-184)和于1644年刊刻的《十竹斋笺谱》(见图1-185)影响最大。清代金陵画家根据李流芳的稿本增辑而成的由分色水印木刻法所印制的《芥子园画传》初集(见图1-186)成为对后世影响极大的一部绘画教科书，其后又出版了二、三、四集，广为流传。

20世纪30年代，从鲁迅倡导新兴木刻开始，我国有了可供创作的版画。新兴版画和古代复制版画不仅在制作技术上有很大差异，而且其功能与现实意义上也有质的区别。新兴版画从诞生开始，便和中华民族的解放事业紧密相关，与广大人民群众的命运血肉相连，它是中国革命文艺的一个重要组成部分，是20世纪30年代左翼美术的主力军。版画家是以艺术家和革命战士的双重身份出现在历史舞台上的，毫不含糊地以艺术作为战斗的武器，在思想教育战线上发挥了巨大的作用。

中华人民共和国成立以后，我国版画事业的发展主要依赖于政府行为，当时需要发展社会主义文艺和培养各种艺术人才，国家在人力、物力上都给予了很大的投入，这一阶段实质上是计划经济为版画的发展提供了条件。当时，全国形成了黑龙江版画、四川版画、江南水印木刻等具有地域特色的版画群体，版画艺术发展到了一个新的阶段。

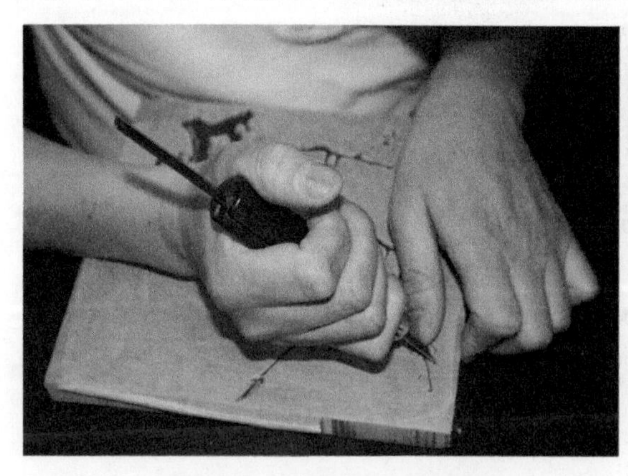

图1-183　刊刻《十竹斋画谱》

图1-184　《十竹斋画谱》

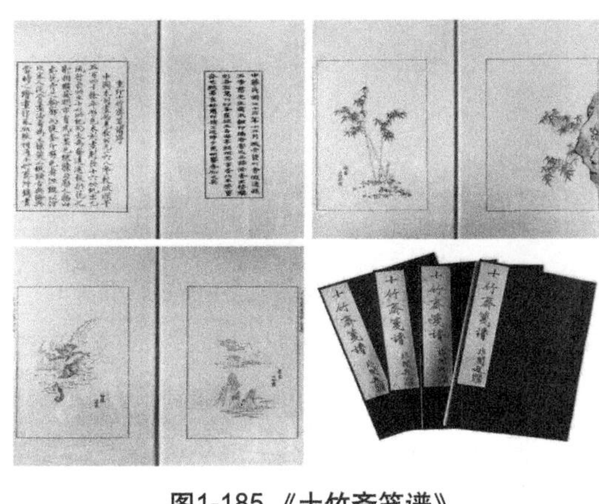

图1-185 《十竹斋笺谱》

图1-186 《芥子园画传》

版画作为一种绘画形式，有值得我们注意的一些艺术特点：一是尽可能地利用对象的本色，显出了木味(木刻)；二是其巧妙利用“留黑”手法，对刻画的形体做特殊处理，获得了版画特有的艺术效果；三是其发挥了刻版水印的特性，让大块阳刻产生了强烈的艺术效果；四是通过巧妙构图，以丰满密集和萧疏简淡等不同风格来衬托并表现主题风格。综上所述，中国古代版画在历史长河中有它自己的发展轨迹，形成了独具特色的艺术。

二、纸版画的特点

纸版画是运用各种纸张做版材，经过不同阶段加工制作印刷的。其可塑性强，易加工制作，制作方法多样化。如可以通过剪贴、刀刻、手撕、揉折等方法作出底板来印画，其成本低，易掌握，同时也是一种手工与绘画相结合的表现形式。

三、教学案例应用

(一)纸版画制作

1. 卡纸和吹塑纸纸版画制作

1) 卡纸纸版画制作

卡纸纸版画的制作工具有铅笔、橡皮、图画纸、宣纸、卡纸、剪刀、胶印油墨或墨汁、油墨滚筒等(见图1-187)。

其作画步骤如下。

① 起稿。在图画纸上设计绘画底稿(见图1-188)。

② 制版。将底稿各部分分别转印在卡纸上，作为剪刻图形使用。然后用剪刀将各图形剪刻下，或用手撕下。最后将各图形以凹凸不同的状态粘贴在底稿上(见图1-189、图1-190)。

③ 印版。底板制作好后，用油墨滚筒在底板上均匀地滚上胶印油墨，要双手按压直至完成(见图1-191~图1-193)。

图1-187　卡纸纸版画工具

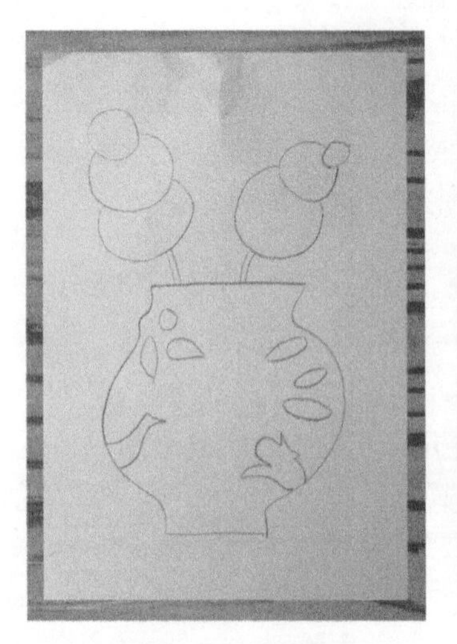

图1-188　底稿

图1-189　剪刻图形

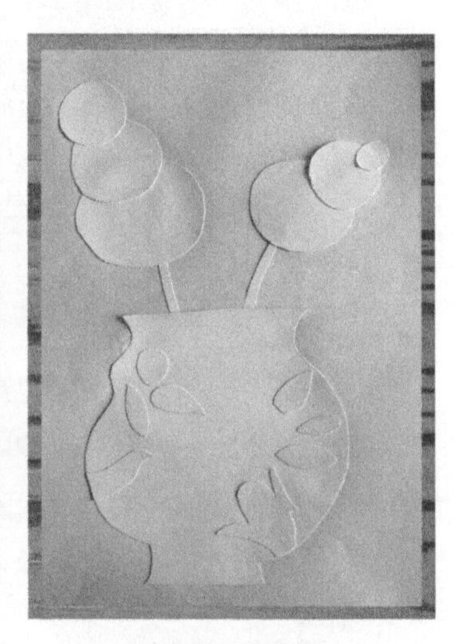

图1-190　粘贴

图1-191　滚墨

图1-192　覆纸按压

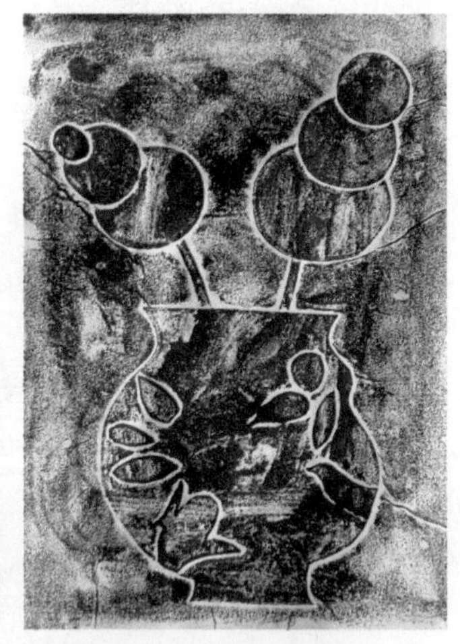

图1-193　完成效果

2) 吹塑纸纸版画的制作

① 吹塑纸纸版画的制作工具有吹塑纸或KT板、无色圆珠笔、泡沫水彩笔、毛巾、洗衣粉、水粉笔、水粉颜料、小夹子、黑卡纸(见图1-194)。

a. 吹塑纸颜色多样，薄并且柔软，在吹塑纸纸版画中可制作出的纹理多种多样，可以经过刻、撕剪、揉搓、按压等方法，如塑料泡沫纸。

b. KT板比吹塑纸厚很多，也便于刻线。初学者较宜使用KT板。

② 制作步骤如下。

a. 处理板面。新的吹塑纸与KT板由于板面光滑，不便着色，在绘画之前，应在板面上洒少许洗衣粉，用毛巾擦拭，擦拭均匀后方可上色(见图1-195)。

b. 起稿。用泡沫水彩笔轻轻地在吹塑纸或KT板上设计底稿，对于不满意的地方，可用湿毛巾擦掉(见图1-196)。

c. 制版。用无色的圆珠笔沿着设计好的底稿，用力刻画。刻画时注意不要将板子弄破，但要有一定的深度，刻得过浅纸版画的最终效果就会不好(见图1-197)。

d. 印版。用水粉笔将颜料涂在底板上，用黑色卡纸附着在底板上，双手按压，直至完成(见图1-198、图1-199)。

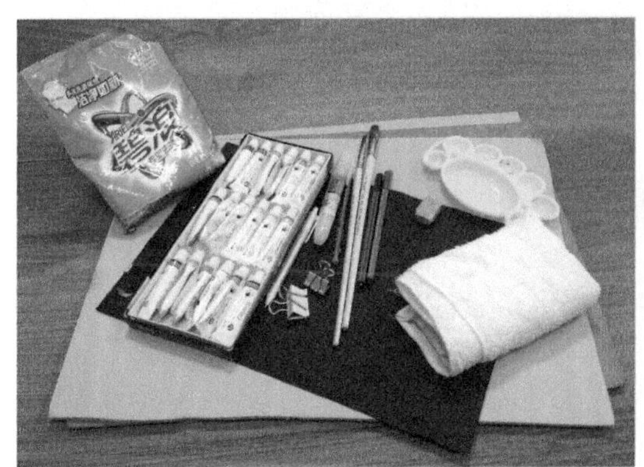

图1-194 吹塑纸纸版画工具

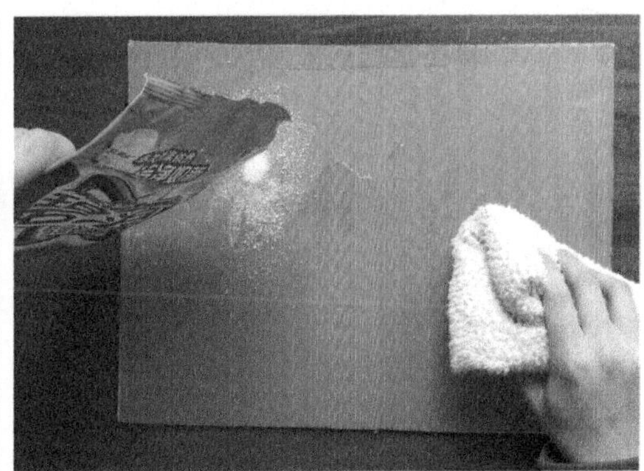

图1-195 用洗衣粉处理版面

图1-196 设计底稿

图1-197 制版

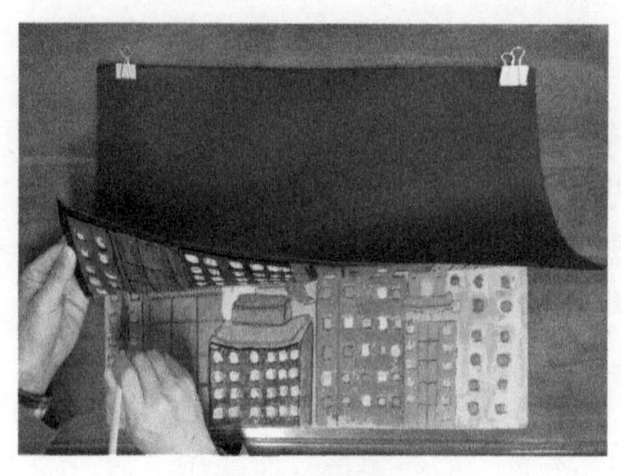

图1-198　印版

图1-199　《遨游》/纸板作品/李金宁

2. 纸版画底板的制作技法

1）拼贴法

拼贴法是纸版画中最常见的一种形式，通过将剪好的纸板层层粘贴，形成高低不平的底板。在粘贴时，应先粘贴大的纸板，再粘贴小的纸板，层次越多，最终效果越好。

2）撕纸法

撕纸法又称揭纸法，是指将厚卡纸粘贴在底板上，用铅笔在厚卡纸上画好底稿的作画技法。用锋利的刀或者刻刀挑刻出轮廓，然后用手轻轻撕掉很薄的一层或者是一部分卡纸，以形成凹凸粗糙面，运用撕纸法印出的版画有灰色肌理，边缘有虚实朦胧的感觉。

3）揉纸法

揉纸法是指用双手将纸张揉皱，展开后根据底稿的图形将其粘贴在底板上。

4）刻线法

刻线法是指用无色圆珠笔，按照底稿的线条画出形象，注意疏密关系，版面的凹凸感要明显。

5）实物拼贴法

实物拼贴法是指运用生活中的多种材料进行拼贴，如树叶、纱布、纹理粗糙的纸张，运用不同的材料，最后可形成不同肌理的纸版画。

3. 纸版画的印法

1）油印法

以胶印油墨印出的纸版画称为油印纸版画。其可运用的工具是油墨滚筒，使用时需要均匀地蘸上胶印油墨，涂在底板上。其多数是以黑白呈现，称为黑白油印纸版画，也可用蓝色、褐色、灰色等颜色作为油印，称为单色油印纸版画。使用油印法也可制作出彩色的效果，称为套色油印纸版画。套色油印纸版画的制作需要做出多块底板，用多种颜色套印制成，多用于卡纸纸版画。其优点是可同时印出多张油印纸版画，画面呈现的效果像印刷出来的感觉。

2）粉印法

粉印法是用水粉颜料涂在底板上，后印在黑色的卡纸上的印法。在印制的过程中，需要用夹子将黑色卡纸的一头固定在底板上，用水粉笔将颜料涂在一部分底板上，然后盖上夹好的黑色卡纸，用手按压，印好一块颜色之后再去印另一块颜色，就这样反复地一块一块涂色，一块一块按压，直到印完。在印单块色时，如果不满意，可反复涂色，直至满意为止。

(二)纸版画的实际应用

纸版画的实际应用如图1-200~图1-223所示。

图1-200 《生活》/纸版作品/孙小涵

图1-201 《少女》/纸版作品/杨馥羽

图1-202 《苦读》/纸版作品/白宇

图1-203 《娃娃》/纸版作品/董雅琪

图1-204 《姊妹》/纸版作品/于鑫泽

图1-205 《大嘴猴》/纸版作品/朱晓曼

图1-206 《向日葵》/纸版作品/张琪

图1-207 《球赛》/纸版作品/马俊杰

图1-208 《戏水》/纸版作品/刘思旋

图1-209　《城》/纸版作品/董爱杰

图1-210　《花卉》/纸版作品/杨馥羽

图1-211　《家庭》/纸版作品/孙广晋

图1-212　《鸡》/纸版作品/孟祥燕

图1-213　《鱼》/纸版作品/宋夕

图1-214　《一家人》/纸版作品/鞠铄

图1-215　《青春》/纸版作品/王鑫

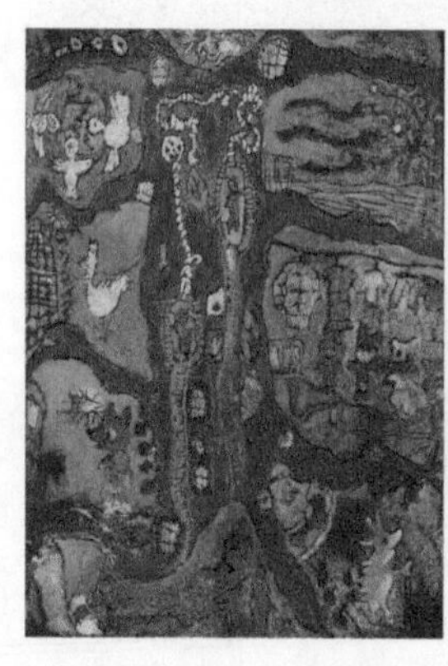

图1-216　《鸡》/纸版作品/史宸雨

图1-217　《友谊》/纸版作品/徐皓

图1-218 《凯丽猫》/纸版作品/傅胶

图1-219 《想》/纸版作品/吉英爽

图1-220 《游玩》/纸版作品/刘佳琳

图1-221 《年华》/纸版作品/罗茜文

图1-222 《金发少女》/纸版作品/马克

图1-223 《小企鹅》/纸版作品/宋怡

第四节 纸浮雕与纸立体

纸浮雕与纸立体.mp4

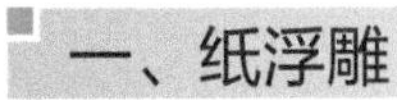

一、纸浮雕

(一)纸浮雕概述

简单来说，浮雕就是在平面上雕刻出凹凸起伏形象的一种雕塑艺术的形式，也是雕塑与绘画结合的产物，只供一面或两面观看，浮雕一般是附属在另一平面上的，因此在建筑上使用更多。纸是制作浮雕的一种材料。

纸浮雕(见图1-224)是利用纸材，经过切割、弯折、叠压等方式处理以后，形成有凹凸起伏的立体艺术造型，具有立体效果与装饰效果。纸浮雕的起源可以追溯到中国汉代纸的发明及16世纪德国对纸的改良成果。纸作为立体形式的表现载体出现得比较早，中国很早就有手工扎制而成的人物。

纸浮雕的表现内容可以是动物、人物、风景，还可以是生活中常见常用的物品。

纸浮雕的美不仅在于具有雕塑的立体感与厚重感，还在于它具有纸张的独特语言，凸显了纸材的美。纸浮雕在造型上往往通过高度的概括和夸张使作品具有装饰性和趣味性。

图1-224　纸浮雕

(二)教学案例应用

1. 纸浮雕制作技法

纸浮雕是利用纸张易弯曲、折叠、剪切，具有柔韧性的特性，将纸张裁制成适宜的图形，然后运用纸浮雕的加工技法进行加工，使之组合成型。其作品呈现出浮雕的立体感与层次感。

纸浮雕的基本技法：折、卷、刻、粘、插、接、划、剪等。

纸浮雕的表现方法主要有剪贴法、凹凸法、折边法、雕刻法，在其制作过程中往往会使用多种方法。下面介绍较常用的两种方法。

① 剪贴法。其最适合于表现风景和建筑。

② 凹凸法。这是指利用工具对纸张进行切割、折叠，可以达到立体效果。

2. 材料工具

纸浮雕的制作工具有以下几种。

1) 剪刀

剪刀可用于剪裁曲线。

2) 美工刀

美工刀可用于刻画直线和镂空形象。

3) 圆棒

使用圆棒可在纸上压滚形成凹凸印象。圆棒可以用生活中的棒针、笔管等代替。

4) 海绵胶

海绵胶粘贴在纸张图形的背面，用来垫高纸张，制造三维效果。

此外，如珍珠板、圆规、尺、签字笔、镊子、粉彩、相片胶、双面胶带等，也是制作纸浮雕必备的工具。

3. 制作过程

纸浮雕的制作过程如下。

(1) 设计图样，如图1-225所示。

(2) 描出型版，如图1-226所示。

图1-225 设计图样

图1-226 描出型版

(3) 剪裁零件，整理作品如图1-227所示。

图1-227 剪裁零件

4. 作品欣赏

纸浮雕因图案鲜明，具有现代气息，加上它是用纸张制作成的作品，显得格外亲切，常被广泛地应用于插画、广告设计、动画布置及教学方面，是一种富有实用价值的应用艺术。同时亦是学生装饰美化校园、制作玩教具的有效手段之一(见图1-228~图1-235)。

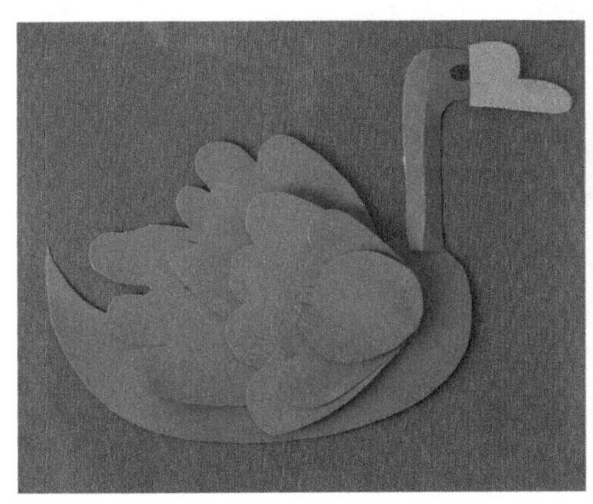

图1-228 《鹅》/纸雕作品 / 董硕

图1-229 《飞马》/纸雕作品 / 乔莹莹

图1-230 《蝴蝶》/纸雕作品 / 李金营

图1-231 《花》/纸雕作品 / 乔莹莹

图1-232 《太阳花》/纸雕作品 / 李金宁

图1-233 《花丛》/纸雕作品 / 乔莹莹

图1-234 《大海》/纸雕作品 / 李金营

图1-235 《牧》/纸雕作品 / 杨薇

二、纸立体

(一)纸立体概述

在立体构成中，纸是最基本的材料，也是使用机会最多的一种。纸质材料是易加工的、常见的基本材料，种类比较丰富。

纸立体造型的工艺多种多样，通过一张张纸就可以创作出动物、器皿、人物以及建筑等，造型生动，取材方便。纸立体是运用点、线、面的造型要素，按照美的原则组成新形体的过程。其通过卷曲、折叠、粘贴、接插等技术手法制作成几何形体，或由几何形体演变出其他的艺术形象，立体感强，具有趣味性。

(二)教学案例应用

1. 材料工具

纸立体的制作材料由硬纸、软纸和介于两者之间的纸材组成。

1) 硬纸

硬纸适合制作较大型的纸立体作品，如建筑模型。其作品有力度感，易于成型。硬纸包括各色卡纸、纸板、瓦楞纸。

2) 软纸

软纸适合制作趣味纸造型，如纸绳立体造型。软纸有皱纹纸、棉纸等。

3) 硬纸、软纸之间的纸材

介于硬纸、软纸之间的纸材被广泛用于纸造型作品，是纸立体经常选用的纸材，如铜版纸、素描纸等。纸立体的加工工具有常用的剪刀、刻刀、双面胶带、白胶等。

2. 基本技法

纸立体的表现形式分为两种：一种是构成造型，如制作的几何形体，包括正方体、圆锥体、棱柱、多面体等；另一种是仿生造型，如立体动物造型、立体人物造型等，仿生造型可以表现为面状造型、带状造型等。

纸立体的构成基本技法如下。

1) 平面拼贴

平面拼贴可将各种纸张剪、刻后重新组合。

2) 折叠

折叠可使平面的纸张产生凹凸变化，形成立体造型。一张纸经过折叠后可产生两个或多个面。折叠包括直线折叠、折线折叠、曲线折叠。折叠前最好用刀背刻画折叠线，易于折叠。

3) 弯曲

弯曲包括扭曲、卷曲、螺旋曲等。

4) 用线

用线可使作品成型。

5) 切割

切割分为直线切割、曲线切割和挖切。

6) 接合

接合分为插接、编接和粘接。

3. 纸立体制作图解

1) 构成造型

a. 正方体。

正方体造型，如图1-236所示。

b. 圆锥体。

圆锥体造型，如图1-237所示。

c. 五棱柱。

五棱柱造型，如图1-238、图1-239所示。

图1-236 正方体

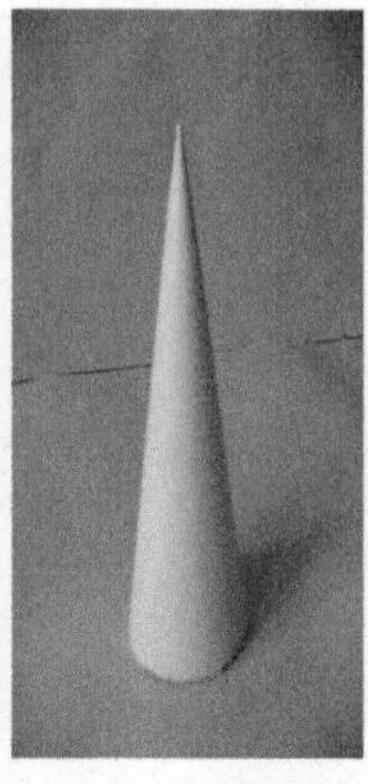

图1-237 圆锥体

图1-238 五棱柱(一)

图1-239 五棱柱(二)

2) 仿生造型

仿生造型，如图1-240所示。

图1-240 《穿山甲》/纸塑作品/李金宁

4. 作品欣赏

立体构成在于培养对造型的感觉能力、想象能力和构成能力。纸立体造型能够提高学生的空间想象能力和动手制作能力，丰富学生的想象空间。同时，其对于开发幼儿的大脑、促进其智力发展也大有裨益。

纸立体是幼儿园教学活动中经常用到的教学内容。纸立体极强的装饰效果被用于美化环境、装饰生活(见图1-241~图1-246)。

图1-241 《圣诞老人》/纸塑作品/邸静竹

图1-242 《铅笔人》/纸塑作品/李金营

图1-243 《郁金香》/纸塑作品/乔莹莹

图1-244 《财主》/纸塑作品/李悦

图1-245 《小火车》/纸塑作品/鲁琳

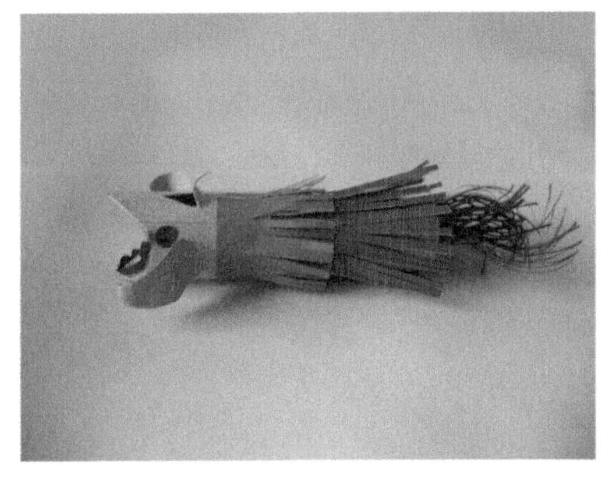

图1-246 《金毛鼠》/纸塑作品/刘佳

本章小结

本章主要介绍了纸工造型的种类与制作过程，重点介绍了折纸的符号语言、剪纸的制作过程以及纸版画的历史与工艺。在此基础上，本章又对折纸、剪纸、纸版画、纸浮雕、纸立体的工具材料与制作技法进行了介绍。

思考题

1. 基本折纸技法练习。
2. 折纸作品步骤练习。
3. 以四边形、五边形为例，独立设计完成一幅剪纸作品。
4. 以蝴蝶剪纸为例，按照剪纸的制作步骤，加入自己的构思，完成一幅剪纸作品。
5. 用卡纸制作一幅黑白的卡纸纸版画，内容不限。
6. 用吹塑纸或KT板制作一幅粉印吹塑纸纸版画，内容不限。
7. 制作一幅动物纸浮雕作品。
8. 制作一幅主题性纸浮雕作品。

第二章　泥　　塑

学习目标

- 泥的性质、种类与制作方法
- 彩泥的性质与基本技法
- 纸黏土的表现方法与制作
- 浮雕与圆雕的基本形式

重点与难点

- 纸黏土的造型方法与色彩混合
- 浮雕的技巧与制作过程
- 圆雕的基本技法

一、泥塑概述

泥塑是泥雕塑的简称，它是利用自然黏土或各种可塑性强的泥料，以手工捏制成型，表现内容多以人物、动物为主。泥塑历史悠久，是我国古代文明智慧的产物，蕴藏着深厚而丰富的文化内涵。无锡惠山泥人为著名泥塑，已有400多年的历史。最初的作品有“大阿福”“老寿星”，还有天津“泥人张”、陕西凤翔、北京等地泥塑独具特色，誉满中外。

泥的可塑性强，可随意变形，为艺术创作提供了许多有利条件。泥工所塑造的形象生动夸张，特点鲜明，深受人们喜爱。泥塑也是学校教学活动、美术制作和欣赏的主要组成部分。泥塑课不仅能让学生感受到中国传统艺术的魅力，还可以培养学生特别是幼儿的想象力、创造力，加深幼儿对形状、体积、空间的理解(见图2-1、图2-2)。

图2-1　《牧童》/泥塑作品/陈广义

图2-2　《仰望》/泥塑作品/张静

二、泥的性质、种类及泥塑工具

(一)泥的性质

泥不仅具有一定的重量和体积，还具有可塑性和黏性，这是泥的最基本的性质。泥在加工时可以粘接、分离，还可以增减体积。

(二)泥的种类

随着现代科技水平的发展，泥塑使用的泥种类日益丰富，由原有的自然黏土发展到橡皮泥、精雕油泥、纸黏土、软陶泥、太空泥、面泥等。

1. 自然黏土

自然黏土是传统的泥塑材料。做泥塑的黏土要用黏度大、含沙少、无杂质的泥土，经过筛制和成泥后，在水泥地面上反复摔打，直至细腻、柔软、不沾手。如果将准备好的泥放入塑料袋中保湿，还可持续使用。幼儿的作品成型后可在上面涂一层水粉色，再上一层保护漆，以便于保存。

2. 橡皮泥

橡皮泥是油泥的一种，色彩丰富，黏性强，使用方便，最适合幼儿使用。

3. 纸黏土

纸黏土的原料主要是纸纤维。纸黏土包括传统纸黏土和超轻纸黏土两种，传统纸黏土成型后可以上色，是一种在色彩上最富有变化的泥塑材料。

4. 软陶泥

软陶泥色泽鲜艳，质感类似于塑胶，颜色丰富，黏性强，是幼儿制作泥塑的良好材料。

(三)泥塑的工具

泥塑制作主要靠手捏、揉来完成，为了更好地塑造细部形象，就要借助工具来实现。

1. 泥工刀

泥工刀是泥塑的专用工具，有尖刀、圆刀、锯齿等多种，也可用小勺、刻刀来代替。

2. 泥工板

泥工板保持作品底部的平整，用塑料板、玻璃板等做垫板。

3. 其他工具

其他工具材料还有湿布、毛笔、水粉色、清漆、蛋清等。

第一节 泥的种类与制作

泥的种类与制作.mp4

一、彩泥综述

(一)认识彩泥

彩泥即橡皮泥、软陶泥等色彩丰富的泥塑材料。它是幼儿园教学活动中常用的泥塑材料，并可用于亲子DIY活动。使用彩泥时可用具体的实物来激发幼儿的想象力，如可以用简单的工具做出他能想到的东西，这样有利于发展幼儿的思维能力、创造能力、认知能力和活动能力。鼓励幼儿利用做出的物体进行角色扮演的游戏，在玩耍的同时使幼儿学习色彩、形状和结构等知识，并且发展幼儿的认识、情感和社会语言的能力。

(二)彩泥的性质

彩泥是泥塑材料中的一种，具有泥的性质，具有一定的重量、体积、可塑性和黏性，同时颜色易于混合，柔软性好、色彩丰富、使用方便、不用着色、不沾手、卫生安全，最适合幼儿使用。

(三)教学案例应用

1. 彩泥的基本技法与彩泥的基本形态

1) 彩泥的基本技法

① 团。

团是指两手掌心相对，将泥料团成圆球(见图2-3)。

② 搓。

搓是指两掌相对，将泥料在掌心来回滚动，使其成为圆柱形(见图2-4)。

③ 捏。

捏是指用拇指和食指挤压使之成型(见图2-5)。

④ 粘。

粘是指将两部分泥料连接起来(见图2-6)。

⑤ 压。

压是指用手或工具将泥料压扁或压成凹坑(见图2-7)。

⑥ 堆。

堆是指不断地增加泥料，逐渐使作品的形象显露出来(见图2-8)。

⑦ 雕。

雕是指用刀刻去多余的泥料(见图2-9)。

⑧ 剪。

剪是指用剪刀将泥料剪成所需要的形状(见图2-10)。

⑨ 卷。

卷是指用滚动的方法将泥条卷起(见图2-11)。

⑩ 连接。

连接分为直接连接和使用连接道具两种。连接的主要工具是牙签或者细铁丝(见图2-12)。

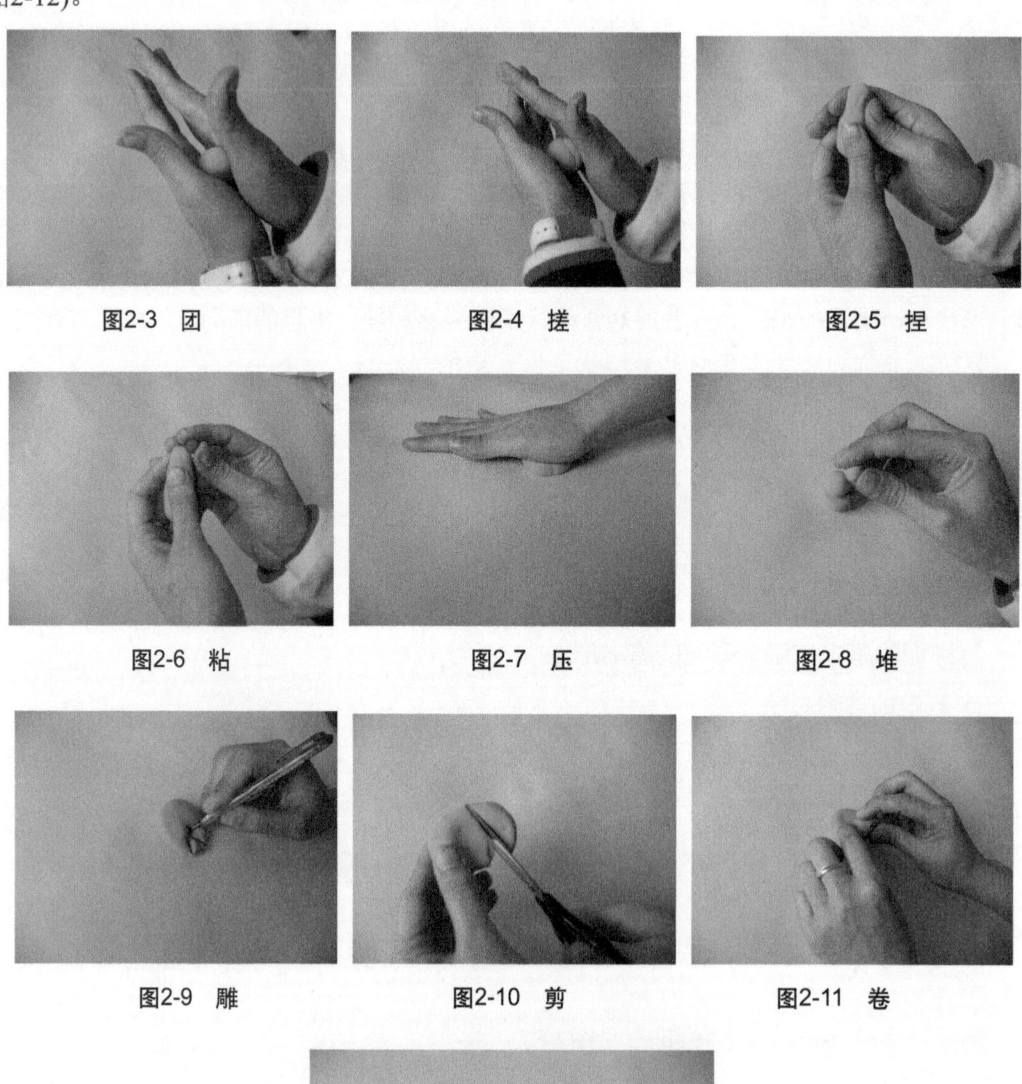

图2-3 团　图2-4 搓　图2-5 捏

图2-6 粘　图2-7 压　图2-8 堆

图2-9 雕　图2-10 剪　图2-11 卷

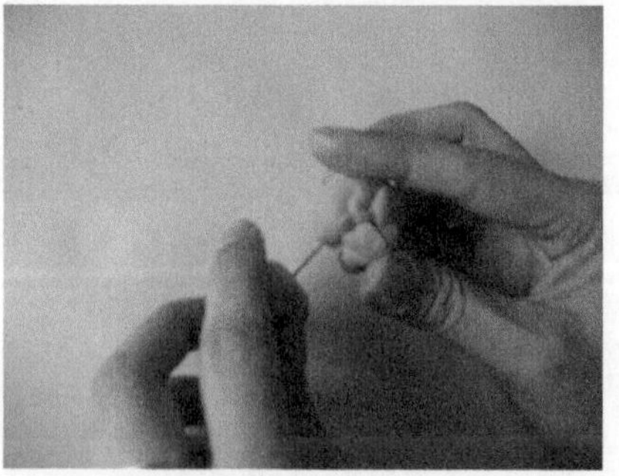

图2-12 连接

2) 彩泥的基本形态

为制作彩泥，要先掌握其基本形态。彩泥的基本形态有圆球形、水滴形(胖水滴和细长水滴)、正方形、菱形、细长条、椭圆形(见图2-13~图2-19)。

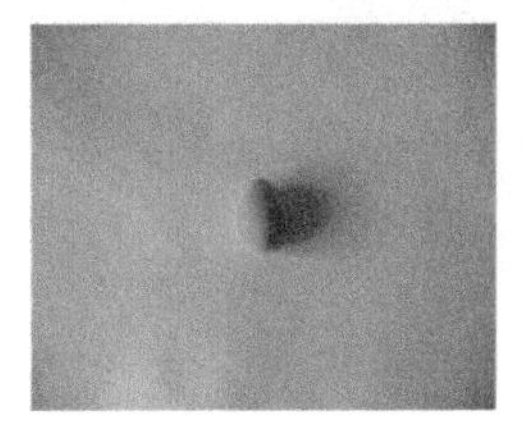

图2-13　胖水滴

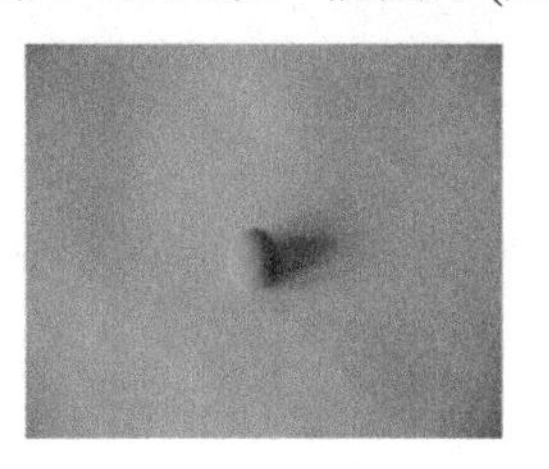

图2-14　圆球形

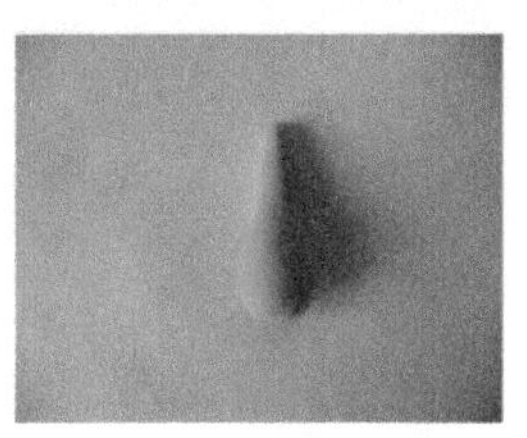

图 2-15　细长水滴

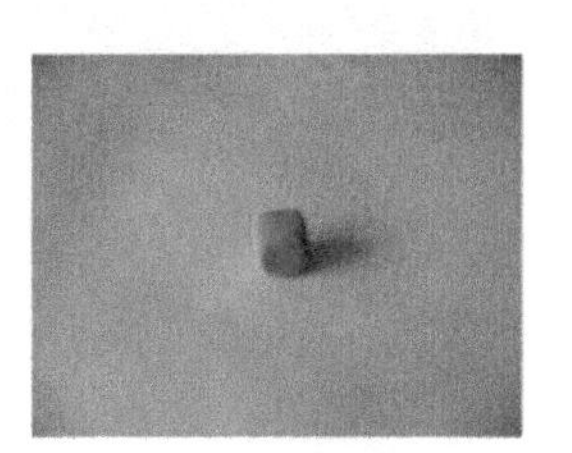

图2-16　正方形

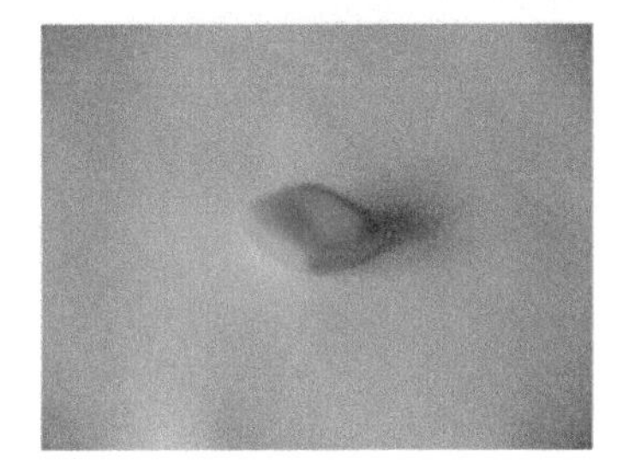

图2-17　菱形

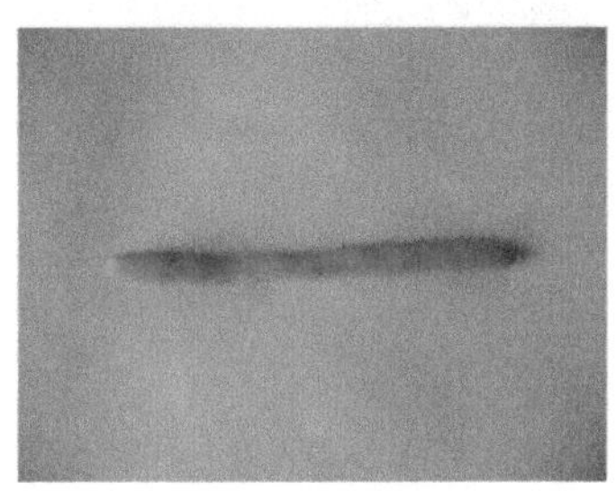

图2-18　细长条

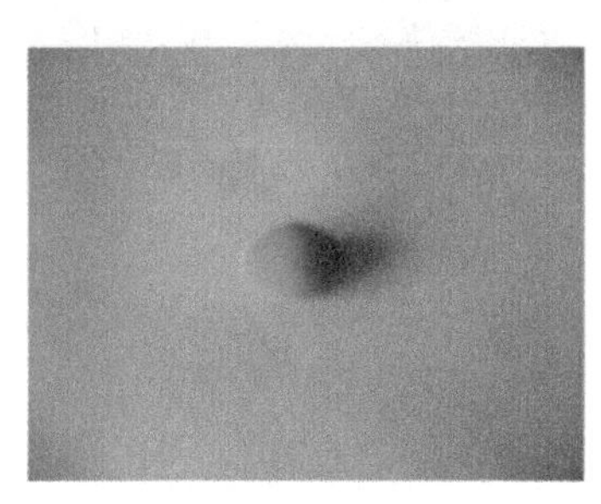

图 2-19　椭圆形

2. 彩泥的制作过程

彩泥的制作步骤如图2-20~图2-32所示。

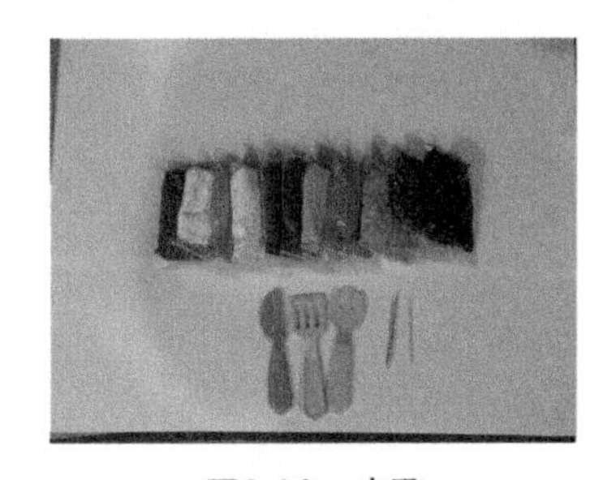

图2-20　步骤一

图2-21　步骤二

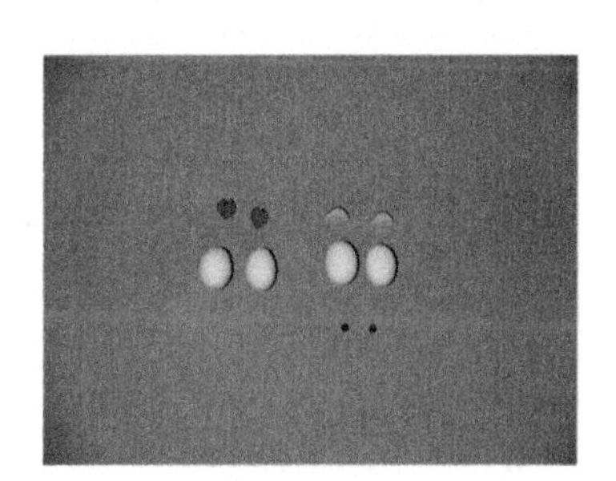

图2-22　步骤三

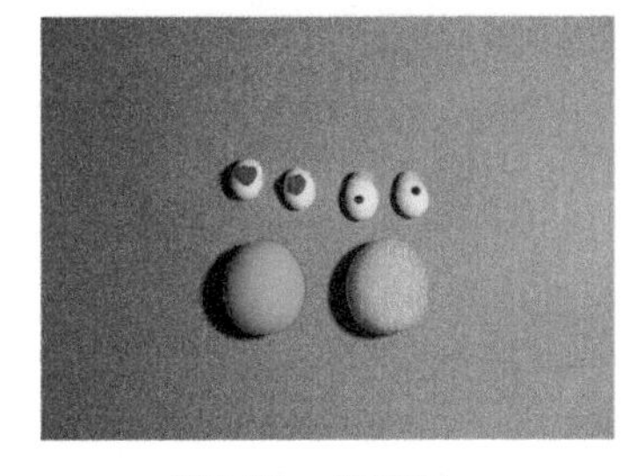

图2-23　步骤四

图2-24　步骤五

图2-25　步骤六

图2-26　步骤七

图2-27　步骤八

图2-28　步骤九

图2-29　步骤十

图2-30　步骤十一

图2-31　步骤十二

图2-32　步骤十三

3. 彩泥作品欣赏

彩泥作品欣赏如图2-33~图2-50所示。

图2-33　《幸福》/泥塑作品/王笑颖

图2-34　《小熊》/泥塑作品/张丽莹

图2-35　《小章鱼》/泥塑作品/谭雪

图2-36 《小黄人》/泥塑作品/张珊珊

图2-37 《小博士》/泥塑作品/安月

图2-38 《福娃》/泥塑作品/王冰

图2-39 《生日》/泥塑作品/白如雪

图2-40 《采蘑菇》/泥塑作品/景然

图2-41 《出游》/泥塑作品/毛健

图2-42 《青蛙一家》/泥塑作品/赵旭

图2-43 《猪之家》/泥塑作品/张丽莹

图2-44 《结婚》/泥塑作品/刘晓楠

图2-45 《龙猫》/泥塑作品/高峰

图2-46 《小白兔》/泥塑作品/孙月

图2-47 《哆啦A梦》/泥塑作品/景然

图2-48 《超级玛丽》/泥塑作品/黄永杰

图2-49 《友谊》/泥塑作品/刘思园

图2-50 《小棕熊》/泥塑作品/王欢

二、纸黏土

(一)认识纸黏土

纸黏土(见图2-51)是一种以纸纤维为主要原料的软雕塑材料。纸黏土包括传统纸黏土和超轻纸黏土。其中超轻纸黏土由发泡粉、水、纸浆、糊剂组成；传统纸黏土的成分包括纯木浆或纸浆，加入黏合剂使其变得柔软有韧性，可塑性更强，是一种安全性很高的环保型材料。

纸黏土真空包装后，其柔软度可保持半年，拆封使用后30小时左右呈现固态化，可保持纸黏土作品原样不变。因此在使用纸黏土时，应用保鲜膜或者湿布保护泥，于密封、干燥的地方存放。如果稍微有点干的话可以喷少许水使其变软。如果暴露于空气中的时间过长，可以将表面的一层硬壳揭去，里面柔软的纸黏土仍可使用。

图2-51 纸黏土

(二)教学案例应用

1. 纸黏土的造型方法与基本技法

1) 纸黏土的造型方法

(1) 手捏法。手捏法是最基础的造型方法，整体塑造形象后，细节部分再用卷、压、接等基本技法刻画。

(2) 挖空法。挖空法是指制作泥坯时，不考虑厚度，为了稳定首选实心成型，待到器物稍微凝固后，再切成若干部分，挖空内部，细节部分再用泥修葺。

(3) 泥板法。泥板法是指用手或者机器将泥压成泥板，再将厚度不同的泥板垒接塑造形体的方法。

(4) 泥条法。泥条法是指将手工搓成的泥条围起来，尽量保持泥条的原始形态，制作成型的器物饱满、圆润。

2) 基本技法

纸黏土捏塑的方法主要有搓、揉、压、盘、推、拉、按、切、卷等(见图2-52~图2-55)。

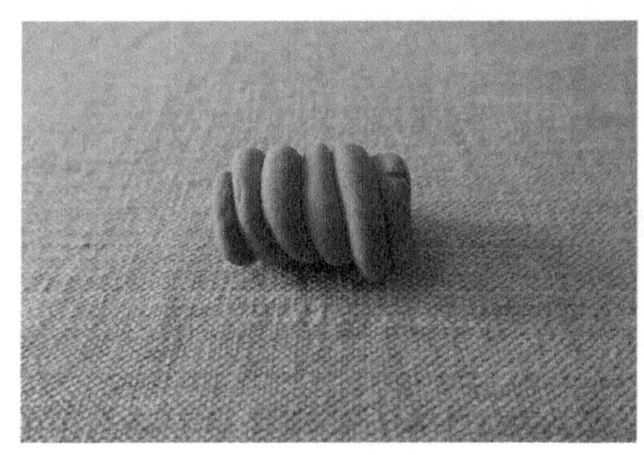

图2-52　盘

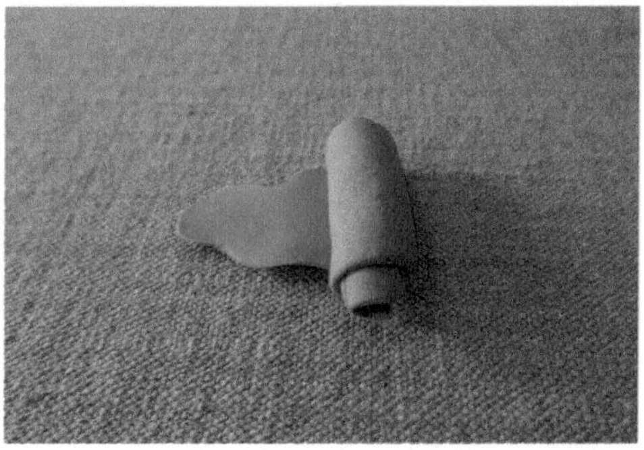

图2-53　卷

图2-54　捏

图2-55　压

(1) 搓。

搓是指两掌相对，将泥料在掌心来回滚动，使其成为圆柱形。

(2) 揉。

揉是指将泥块放在两手掌的掌心，用力来回揉动，制成泥球。

(3) 压。

压是指用手或工具将泥料压扁或压成凹坑。

(4) 盘。

盘是指将手工搓成的泥条围起来，制成器物。

(5) 推。

推是指用拇指将某些部位上多余的泥推到缺泥的部位。

(6) 拉。

拉是指用手指将泥捏住，向外拉，使其变形。

(7) 按。

按是指用大拇指将作品表面按实、按平。按是塑造细节时经常采用的方法。

(8) 切。

切是指用刀将物体多余的泥挖下来，一般应用在大型雕塑的制作上。

(9) 卷。

卷是指用滚动的方法将泥条卷起。

2. 纸黏土的色彩混合与基本形状

1) 色彩混合

根据三基色原理，自然界中大多数颜色(见图2-56~图2-62)都是由红、绿、蓝这三种颜色按照一定比例混合而成的。在制作纸黏土作品时，可以根据需要将两种不同颜色的纸黏土搭配在一起，进行调色，从而得到自己需要的颜色。颜色搭配原则如下。

① 红色+绿色=黄色

② 绿色+蓝色=青色

③ 红色+蓝色=品红

④ 红色+绿色+蓝色=白色

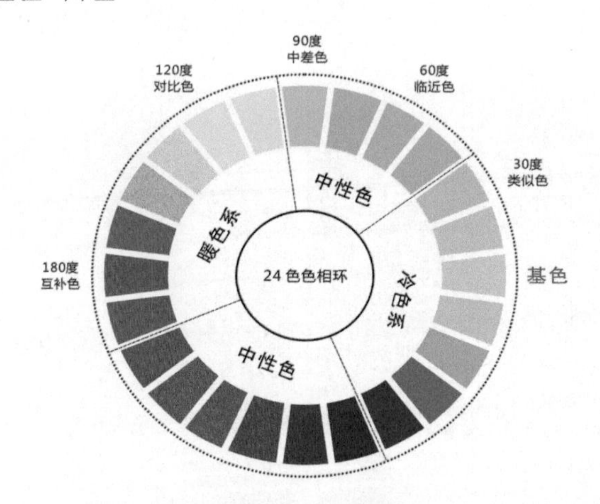

图2-56 色相环

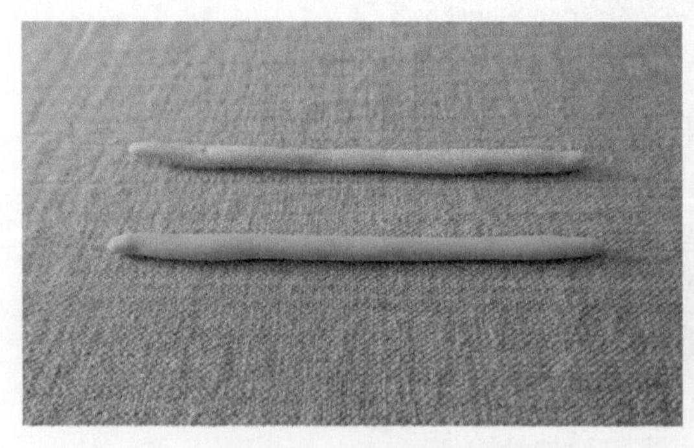

图2-57 色彩混合(一)

图2-58 色彩混合(二)

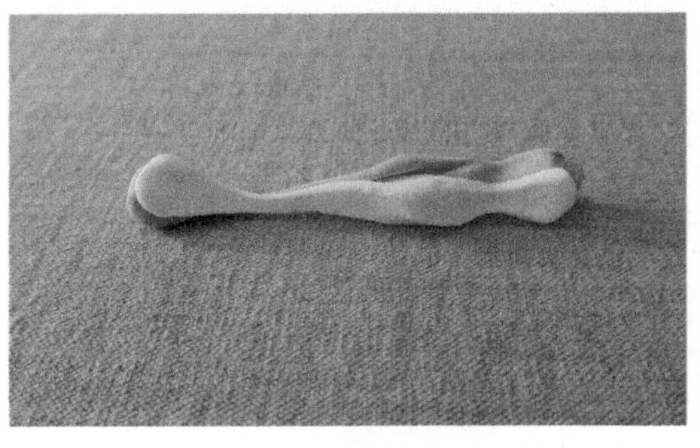
图2-59 色彩混合(三)

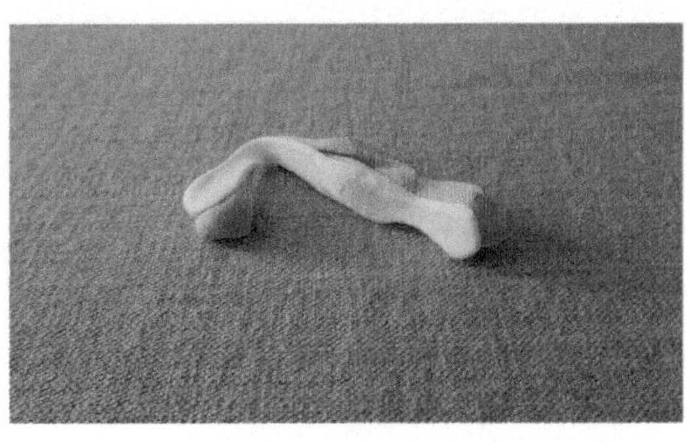
图2-60 色彩混合(四)

图2-61 色彩混合(五)

图2-62 色彩混合(六)

2) 基本形状

纸黏土的基本形状如图2-63~图2-74所示。

图2-63 长方形

图2-64 正方形

图2-65 扁椭圆形

图2-66 扁圆形

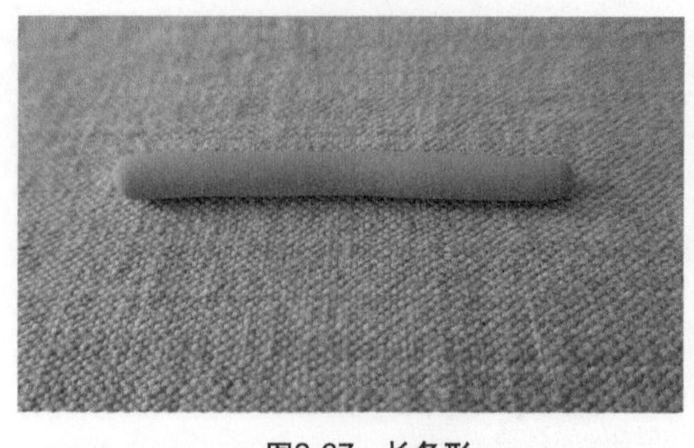

图2-67　长条形

图2-68　圆柱体

图2-69　圆锥体

图2-70　正方体

图2-71　菱形

图2-72　椭圆形

图2-73　锥体

图2-74　圆形

3. 教学案例应用

1) 泥条盘筑式罐

《泥条盘筑式罐》的制作过程如图2-75~图2-85所示。

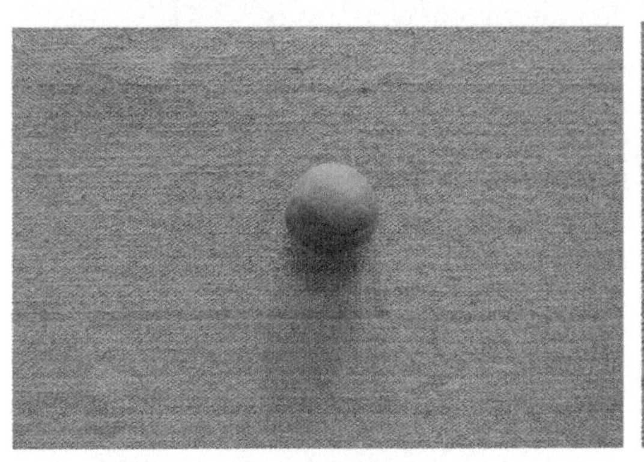

图2-75 《泥条盘筑式罐》步骤一

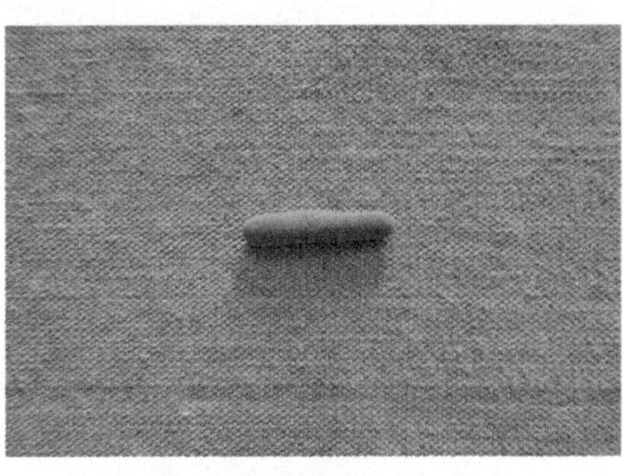

图2-76 《泥条盘筑式罐》步骤二

图2-77 《泥条盘筑式罐》步骤三

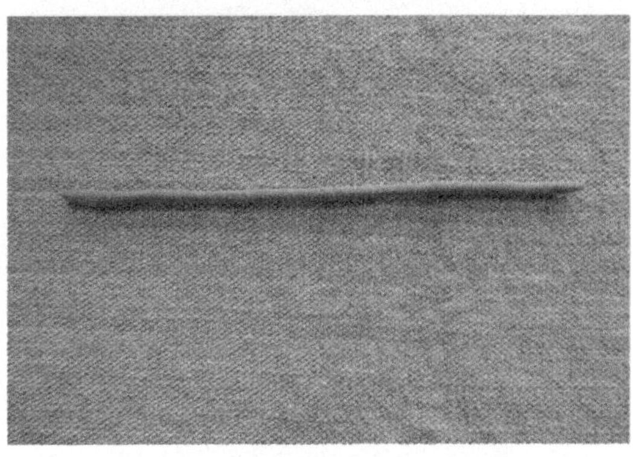

图2-78 《泥条盘筑式罐》步骤四

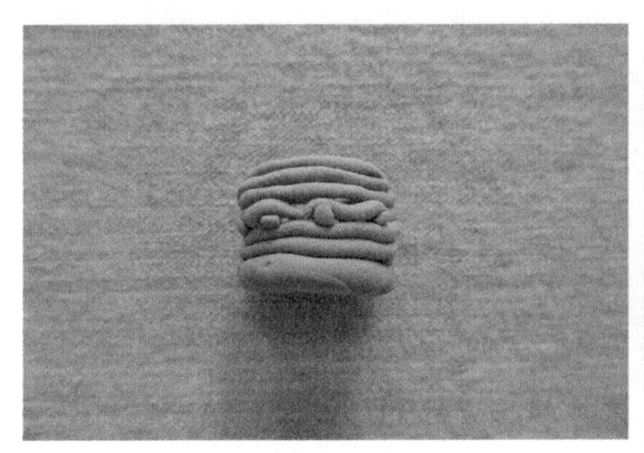

图2-79 《泥条盘筑式罐》步骤五

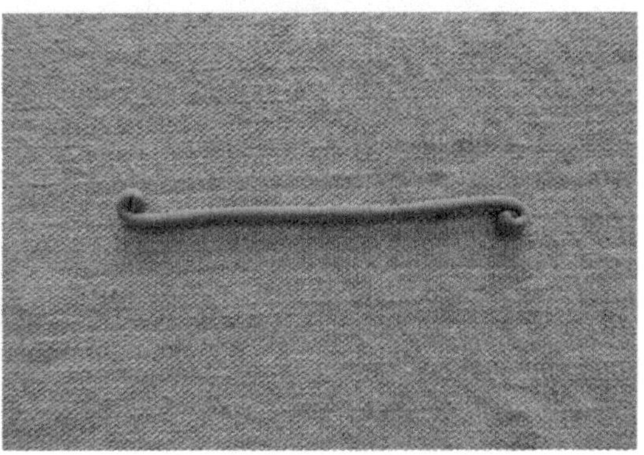

图2-80 《泥条盘筑式罐》步骤六

图2-81 《泥条盘筑式罐》步骤七

图2-82 《泥条盘筑式罐》步骤八

图2-83 《泥条盘筑式罐》步骤九

图2-84 《泥条盘筑式罐》步骤十

图2-85 《泥条盘筑式罐》步骤十一

2) 汉堡包

《汉堡包》的制作过程如图2-86~图2-102所示。

图2-86 《汉堡包》步骤一

图2-87 《汉堡包》步骤二

图2-88 《汉堡包》步骤三

图2-89 《汉堡包》步骤四

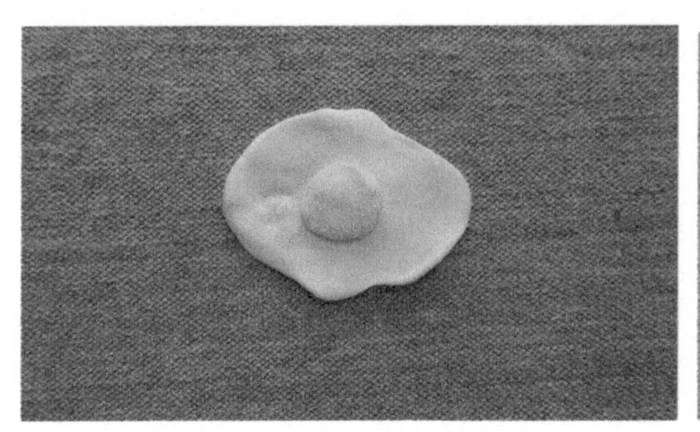

图2-90 《汉堡包》步骤五

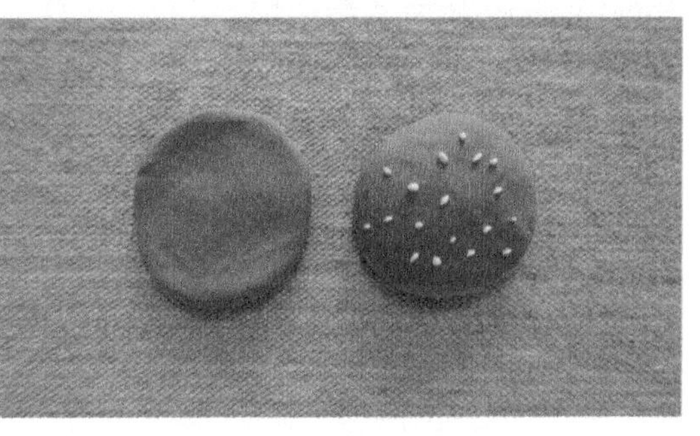

图2-91 《汉堡包》步骤六

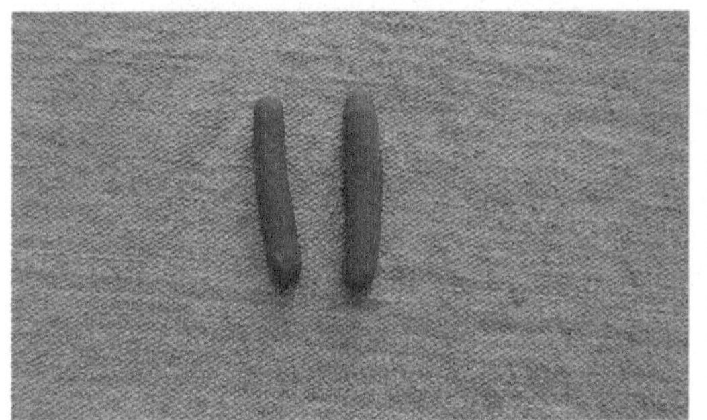

图2-92 《汉堡包》步骤七

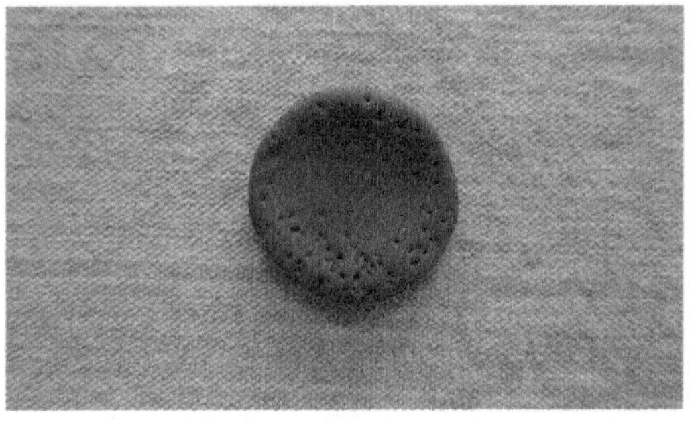

图2-93 《汉堡包》步骤八

图2-94　《汉堡包》步骤九

图2-95　《汉堡包》步骤十

图2-96　《汉堡包》步骤十一

图2-97　《汉堡包》步骤十二

图2-98　《汉堡包》步骤十三

图2-99　《汉堡包》步骤十四

图2-100　《汉堡包》步骤十五

图2-101　《汉堡包》步骤十六

图2-102 《汉堡包》步骤十七

3) 葡萄

《葡萄》的制作过程如图2-103~图2-115所示。

图2-103 《葡萄》步骤一

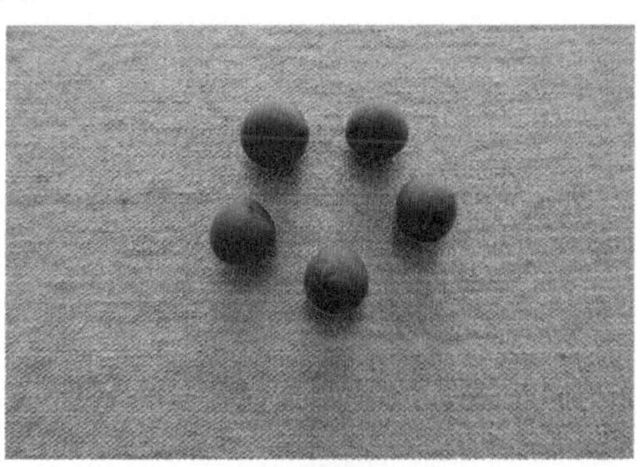

图2-104 《葡萄》步骤二

图2-105 《葡萄》步骤三

图2-106 《葡萄》步骤四

图2-107 《葡萄》步骤五

图2-108 《葡萄》步骤六

图2-109 《葡萄》步骤七

图2-110 《葡萄》步骤八

图2-111 《葡萄》步骤九

图2-112 《葡萄》步骤十

图2-113 《葡萄》步骤十一

图2-114 《葡萄》步骤十二

图2-115 《葡萄》步骤十三

4) 蘑菇组合

《蘑菇组合》的制作过程如图2-116~图2-131所示。

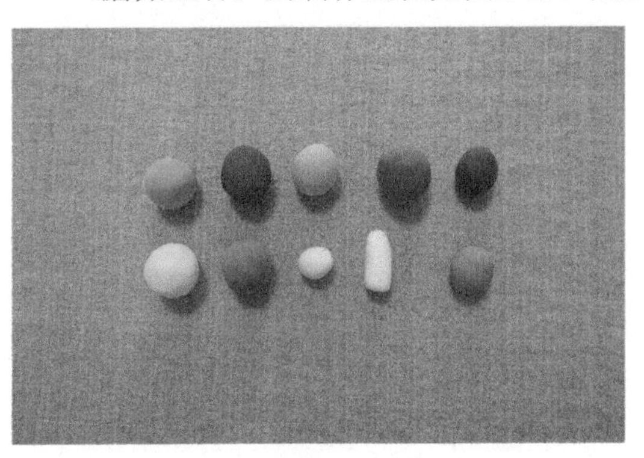

图2-116 《蘑菇组合》步骤一

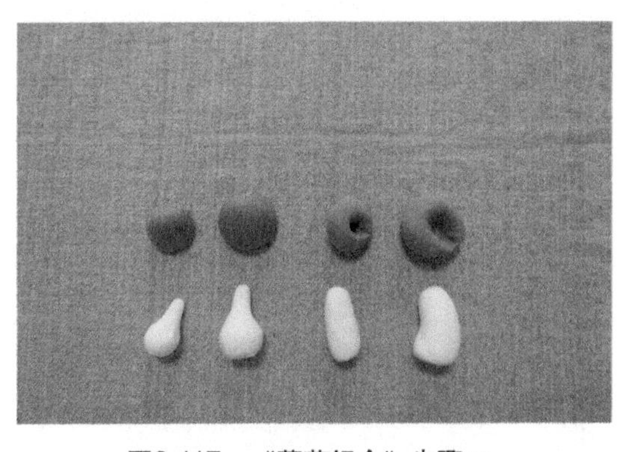

图2-117 《蘑菇组合》步骤二

图2-118 《蘑菇组合》步骤三

图2-119 《蘑菇组合》步骤四

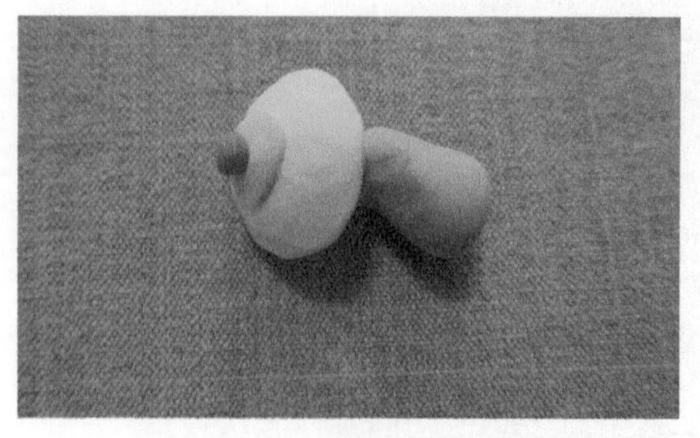

图2-120　《蘑菇组合》步骤五

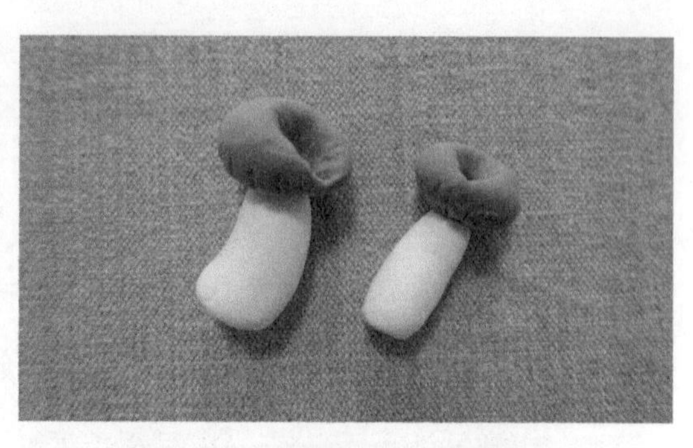

图2-121　《蘑菇组合》步骤六

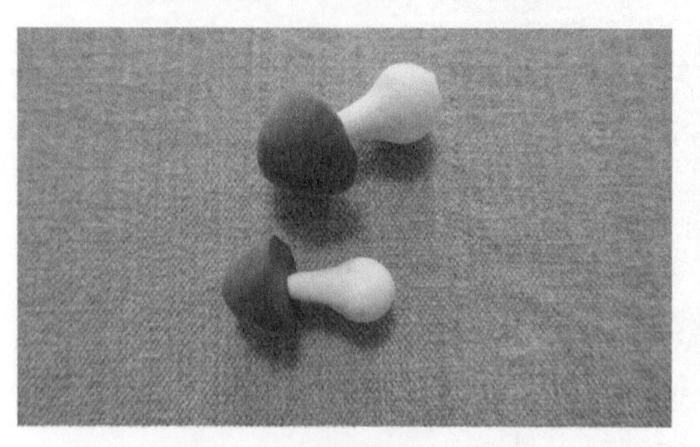

图2-122　《蘑菇组合》步骤七

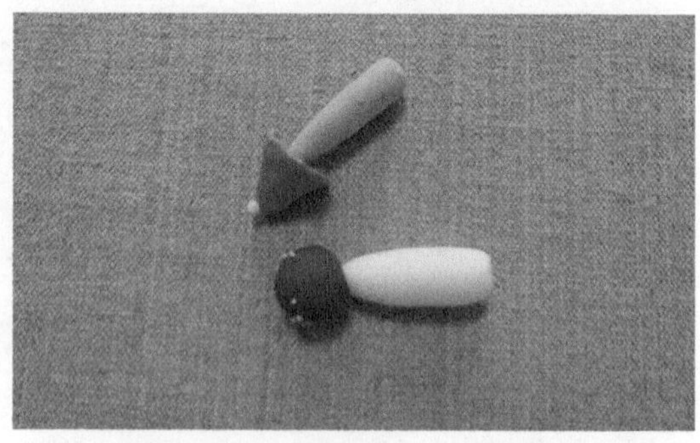

图2-123　《蘑菇组合》步骤八

图2-124　《蘑菇组合》步骤九

图2-125　《蘑菇组合》①/纸黏土作品/张彩侠

图2-126　《蘑菇组合》②/纸黏土作品/张彩侠

图2-127　《蘑菇组合》③/纸黏土作品/张彩侠

图2-128　《蘑菇组合》④/纸黏土作品/张彩侠

图2-129　《蘑菇组合》⑤/纸黏土作品/张彩侠

图2-130　《蘑菇组合》⑥/纸黏土作品/张彩侠

图2-131　《蘑菇组合》⑦/纸黏土作品/张彩侠

5) 瓢虫

《瓢虫》的制作过程如图2-132~图2-144所示。

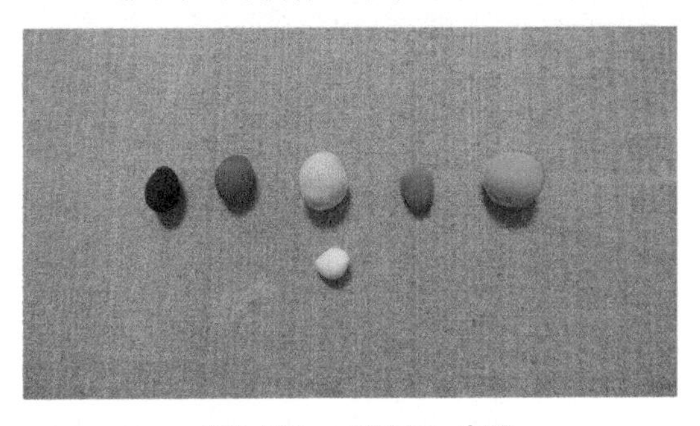
图2-132　《瓢虫》步骤一

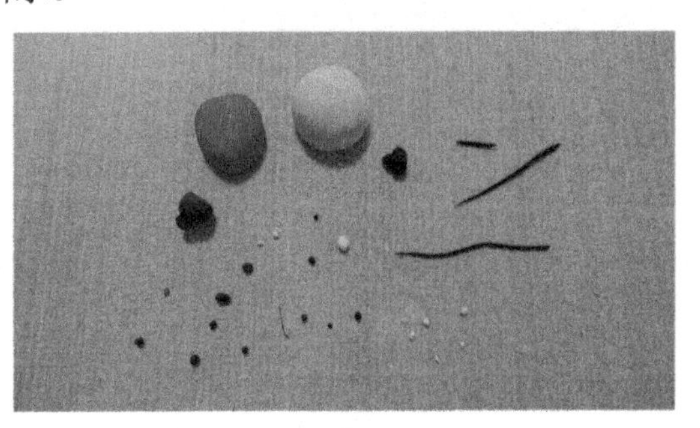
图2-133　《瓢虫》步骤二

图2-134　《瓢虫》步骤三

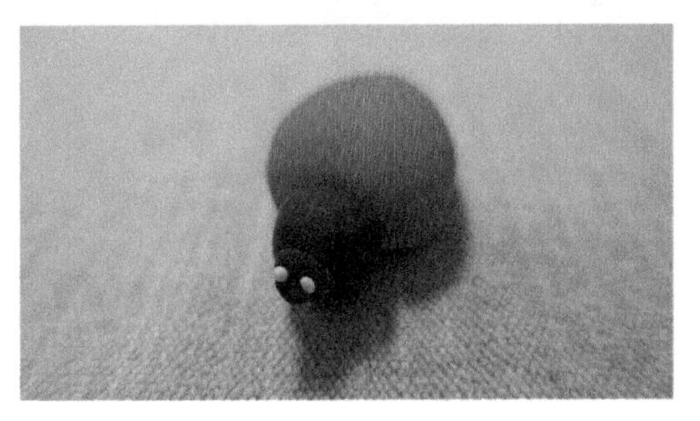
图2-135　《瓢虫》步骤四

图2-136　《瓢虫》步骤五

图2-137　《瓢虫》步骤六

图2-138　《瓢虫》步骤七

图2-139　《瓢虫》步骤八

图2-140　《瓢虫》步骤九

图2-141　《瓢虫》步骤十

图2-142　《瓢虫》步骤十一

图2-143　《瓢虫》步骤十二

图2-144 《瓢虫组合》步骤十三

6) 悠闲

《悠闲》的制作过程如图2-145~图2-149所示。

图2-145 《悠闲》/纸黏土作品/沈阳大学师范学院

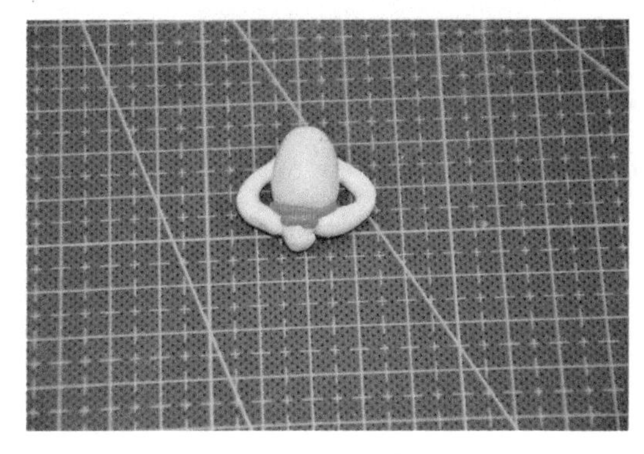

图2-146 《悠闲》步骤一

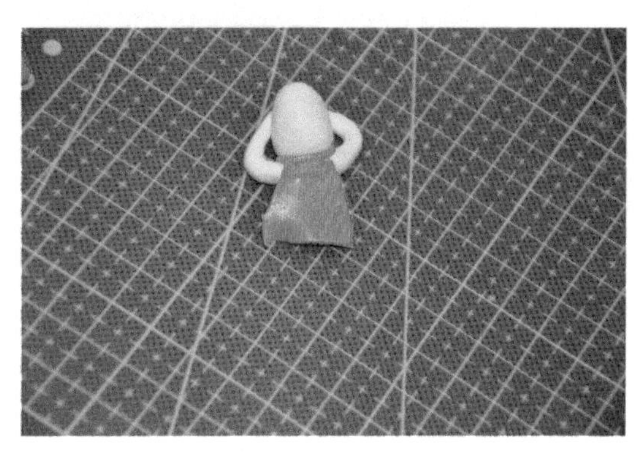

图2-147 《悠闲》步骤二

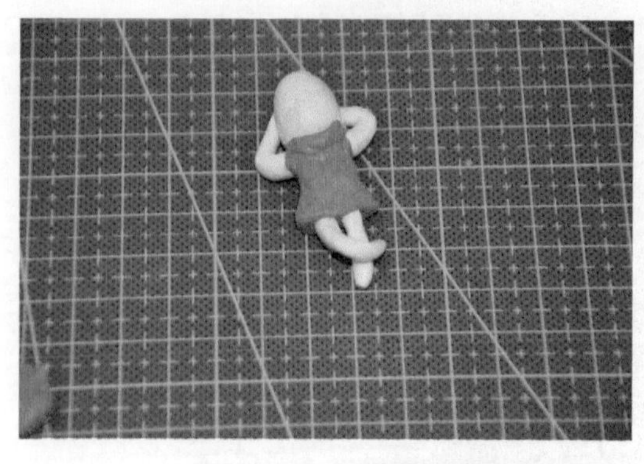
图2-148　《悠闲》步骤三

图2-149　《悠闲》步骤四

7) 奶牛

《奶牛》的制作过程如图2-150~图2-155所示。

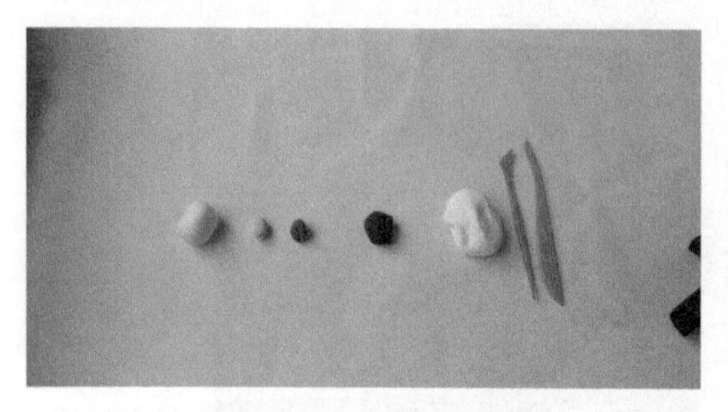
图2-150　《奶牛》步骤一

图2-151　《奶牛》步骤二

图2-152　《奶牛》步骤三

图2-153　《奶牛》步骤四

图2-154　《奶牛》步骤五

图2-155　《奶牛》步骤六

4. 纸黏土作品欣赏(见图2-156~图2-171)

图2-156 《笔筒》/纸黏土作品/沈阳大学师范学院

图2-157 《笔筒》/纸黏土作品/沈阳大学师范学院

图2-158 《公园》/纸黏土作品/沈阳大学师范学院

图2-159 《花篮》/纸黏土作品/沈阳大学师范学院

图2-160 《海底》/纸黏土作品/沈阳大学师范学院

图2-161 《大自然》/纸黏土作品/沈阳大学师范学院

图2-162 《家》/纸黏土作品/沈阳大学师范学院

图2-163 《蘑菇城堡》/纸黏土作品/沈阳大学师范学院

图2-164　《家居陈列区》/纸黏土作品/沈阳大学师范学院

图2-165　《大自然陈列区》/纸黏土作品/沈阳大学师范学院

图2-166　《家陈列区》/纸黏土作品/沈阳大学师范学院

图2-167　《小制作陈列区》/纸黏土作品/沈阳大学师范学院

图2-168　《小制作陈列区》/纸黏土作品/沈阳大学师范学院

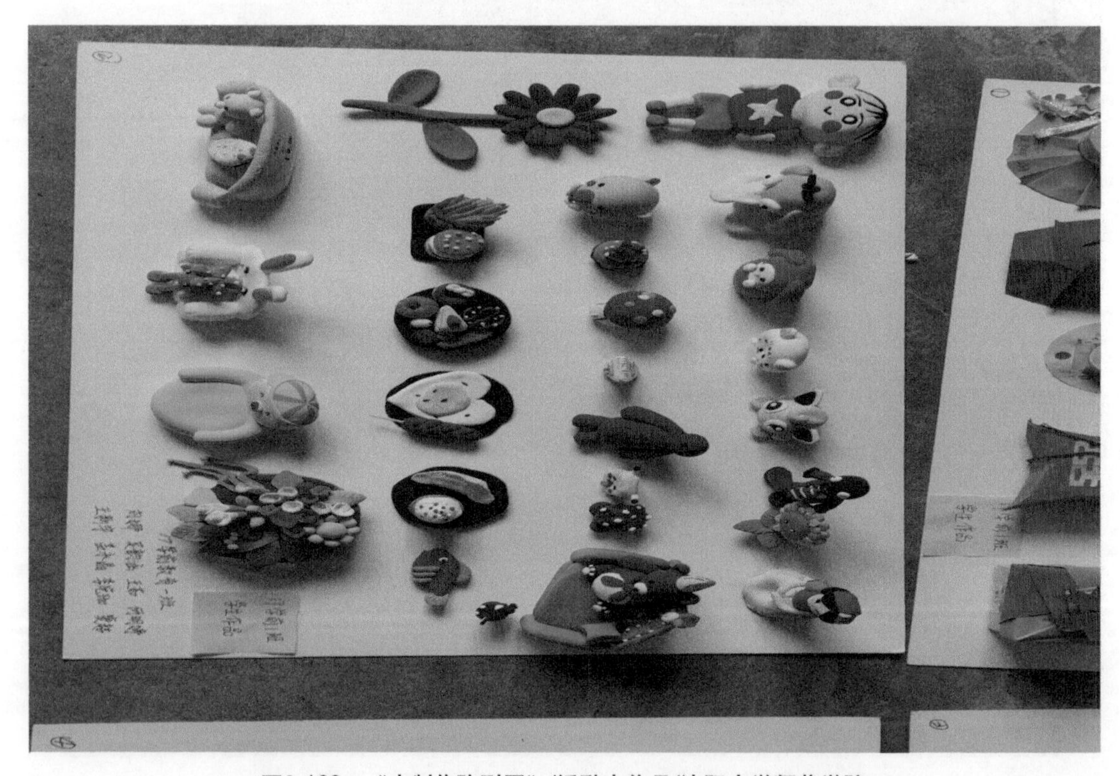

图2-169　《小制作陈列区》/纸黏土作品/沈阳大学师范学院

图2-170　《小制作陈列区》/纸黏土作品/沈阳大学师范学院

图2-171　《小制作陈列区》/纸黏土作品/沈阳大学师范学院

第二节　泥塑的基本形式

一、浮雕

(一)浮雕概述

浮雕即浅雕凸雕，是一种介于平面与立体之间的雕塑形式，是指在平面上雕刻出具有背景的凸起形象。浮雕一般是附属在另一平面上的，因此在建筑上使用更多，在用具器物上也经常可以看到。浮雕具有可压缩的特性，所占空间较小，所以适用于多种环境的装饰。近年来，浮雕在城市美化中占据了越来越重要的地位。浮雕在内容、形式和材质上与圆雕一样，丰富多彩。浮雕的材料有泥料、石头、木头、象牙和金属等(见图2-172)。

泥塑浮雕主要是指在平面上利用各种泥料运用堆、粘等技法制作出的凹凸形象。

(二)表现方法

1. 浮雕压缩

浮雕压缩主要通过压缩物体的空间层次和凹凸的深浅层次，以及因光线照射形成的明暗进行艺术表现。

2. 利用错觉

这种方法往往用在多层次、较复杂的构图中，它是高、中、低浮雕表现方式的同时并用。其最常见的是前景人物采用涂浮雕法，随着物景的推移，越来越平，直到背景只需稍稍刻画上去就可以了。

3. 外轮廓起位

外轮廓拉开主体与背景的距离，使浮雕具有立体感，并表现出多层次(见图2-173)。

图2-172　《人体》/雕塑作品/张静

图2-173　《连年有余》/雕塑作品/陈广义

(三)分类

浮雕根据雕刻的深浅和厚度不同，可分为浅浮雕、中浮雕和高浮雕。浅浮雕是单层次雕像，内容比较单一；高浮雕则是多层次造像，内容较繁复。根据造型手法的不同，浮雕又可分为写实性、装饰性和抽象性三类。

(四)教学案例应用

1. 揉泥

揉泥可使泥性更加均匀，有利于造型(见图2-174)。

2. 拍泥板

拍泥板时可以用手掌先压平泥块，再借助工具将其压成平板状，作为基础板(见图2-175)。

3. 设计画稿

用铅笔在薄纸上设计出画稿，然后将其平放在泥板上，用工具在泥板上留下物象。

4. 割边

做出想要的形状，再将多余部分去掉(见图2-176)。

5. 画或局部制作出大的形体

通过捏、堆、刻等技法将局部形象制作出来，再将它们粘在底板上(见图2-177)。

6. 细部刻画雕琢

利用手指或泥塑工具，将已经制成的大的形体进行仔细的雕琢，可以用压、剪、刻、画等方法进行拼装(见图2-178)。

7. 局部调整

整理、压实作品，对作品进行局部调整(见图2-179)。

8. 根据需要上色

彩泥一般不用上色，只要充分利用彩泥本身的颜色即可(见图2-180)。

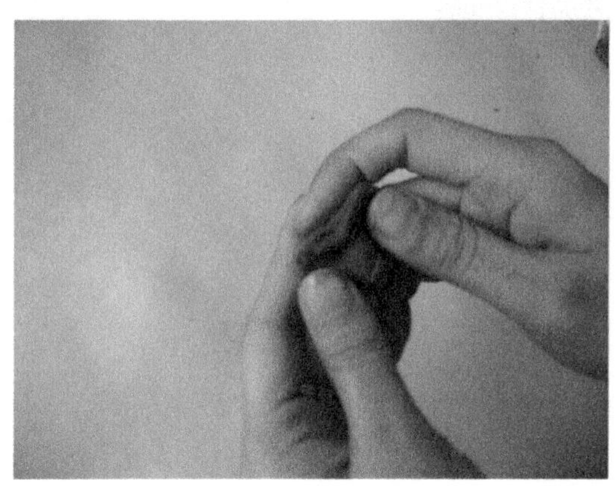

图2-174　揉泥

图2-175　拍泥板

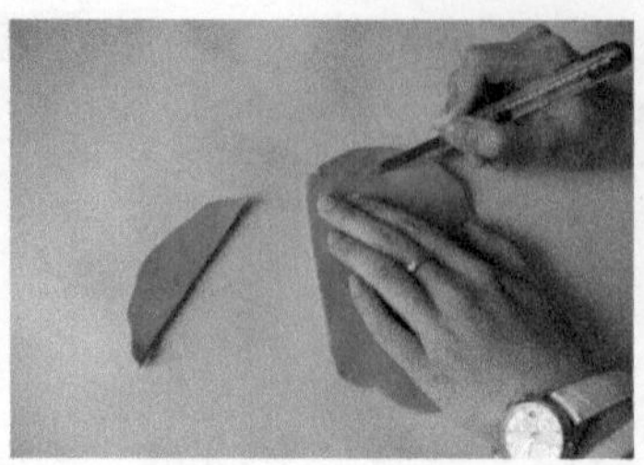
图2-176　割边

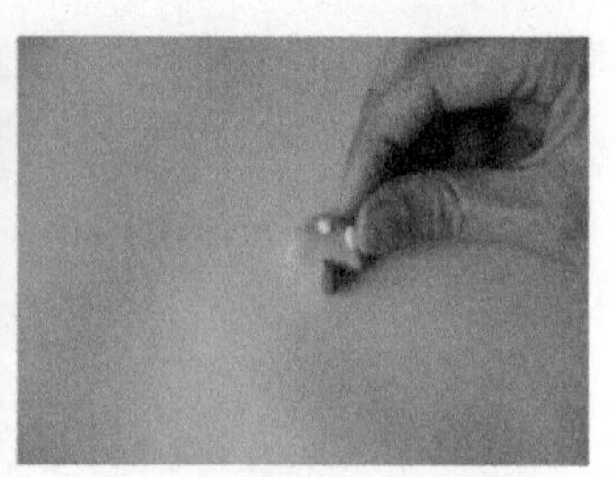
图2-177　制作出大的形体

图2-178　细部刻画雕琢

图2-179　局部调整

图2-180　根据需要上色

二、圆雕

(一)圆雕概述

圆雕又称立体造像，是将实体多方位、多角度地雕塑出来的三维立体雕塑。圆雕的手法与形式也是多种多样，有写实性的与装饰性的，也有具体的与抽象的。圆雕的材质更是种类丰富，有石质、泥塑、纺织物、纸张、植物材质等(见图2-181)。

图2-181　《韵》/雕塑作品/张静

幼儿园的泥塑圆雕造型需要注意作品的重心稳定，要概括、简练、完整，突出作品的趣味性、把玩性和象征性。在创作圆雕时要多角度审视，不断观察、变换，注意形象的体积感。

(二)表现方法

圆雕的特征是完全立体的，可从四面欣赏，从而形成艺术形象的整体感。形体起伏是圆雕的主要表现手段。雕塑家可以根据主题内容的需要，对形体起伏大胆地夸张、舍取、组合，而不受常态的限制。泥塑圆雕亦是如此。

(三)教学案例应用

1. 基本技法

泥塑圆雕的成型方法有很多，可通过捏塑成型、泥条成型、泥板成型、综合成型等方法制作，利用泥的特性通过捏、压、挤等，加以辅助工具使泥料成型。制作泥塑圆雕时，应先从简单的、规则的造型开始，如圆形、方形。在正式制作前，要先设计画稿，了解设计形象的大小、形状、内容后再进行制作。如果制作较大的物体就要先制作骨架(用牙签或者细铁丝、硬卡纸做成)，将泥料糊在骨架上，再进行加工。

圆雕制作步骤如下。

(1) 先设计底稿，从而熟悉设计形象。

(2) 塑造大体形像，不急于刻画形象的局部细节，应学会从整体、结构等角度去塑造。

(3) 用加法和减法塑造局部特征，要使局部服从整体，遵循先大后小的原则，还应注重艺术感。

(4) 对作品进行最后的调整，使形象突出、生动，富有感染力。

进行泥塑时，一般是以一种成型方法为主，其他成型方法为辅，几种方法综合运用。

2. 作品范例

圆雕作品范例如图2-182~图2-187所示。

图2-182 《吻》/雕塑作品/翟阿宝

图2-183 《舞》/雕塑作品/陈广义

图2-184 《仕女》/雕塑作品/陈广义

图2-185 《微笑的人》/雕塑作品/陈广义

图2-186　《年》/雕塑作品/陈广义

图2-187　《邻家娃娃》/雕塑作品/陈广义

本章小结

本章主要介绍了泥的种类与制作、泥塑的基本形式，重点介绍了泥的性质、种类与表现方法，纸黏土的性质与基本技法，浮雕与圆雕的基本形式。在此基础上，本章还对纸黏土、浮雕具体的制作过程进行了解析。

思考题

1. 对彩泥的基本形态进行练习。
2. 制作动物、人物、蔬果作品各两件。
3. 制作泥浮雕动物或人物作品一件。
4. 制作泥圆雕动物作品两件。
5. 制作泥圆雕人物作品两件。

第三章　布艺造型

学习目标

- 布贴画的种类
- 布贴画的材料工具
- 布艺创作的历史与表现方式
- 布艺创作的材料工具

重点与难点

- 布贴画的制作方法
- 布艺创作的基本方法

第一节　布　贴　画

布贴画.mp4

一、布贴画概述

布贴画，就是以布为创作材料，通过直接对布进行裁剪、拼接、缝制、造型，从而形成有独特效果的、具有浮雕感的创作，也就是布上的艺术。它具有主题鲜明、喜庆热闹、极富趣味的特点。在我国，布贴画的历史是非常悠久的，通常又称布贴画为补花和布贴，也就是在一些床单、被罩、枕头、鞋帽、衣物上缝制上事先裁剪好的图案。大部分是有吉祥寓意的图案造型，这些图案大多采用了夸张、变形的手法，风格独特，色调淳朴。比如在儿童的帽子和鞋子上缝制老虎的造型，在肚兜或者衣服上缝制凤凰和龙的造型。其不仅美观、大方，还增强了布料的耐磨性，具备了实用功能和审美价值，也表达了人们的文化信仰及美好的祝愿(见图3-1)。

布贴画的起源可追溯到人们学会织布的时候。在《周礼》中曾记载“刻绘雉翟”，大意就是将雉鸟的图案缝贴到皇后的衣服上。剪贴工艺不断地发展和完善，直到汉代。汉代是刺绣非常繁荣的时期，据记载，当时有三种刺绣：信期绣、乘云绣、长寿绣。到了文化兴盛的唐代，布艺更加繁荣。到了明清后期，布艺得到了更大的发展，达到了历史上的鼎盛时期。

布贴画主要分为三大类，分别是陈设、日常用品和服饰配件。

(一)陈设

陈设主要包括摆件、挂件、布雕塑和布贴画等。摆件、挂件、布雕塑在这里就不一一说明了，本章主要讲解的是布贴画。

(二)日常用品

日常用品造型多样，以枕头为主，有虎枕、鱼枕等。

(三)服饰配件

服饰主要有衣服、鞋帽、跨包和箱包等。人们认为生育是尤为重要的大事，所以家里的老人和亲朋好友都会为新生儿制作花衣、花帽、花鞋、花肚兜、花围嘴等，这些物品都是在布上粘贴图案缝制而成的。

由于材料本身特有的颜色、花纹和肌理不同，布贴画的画面可以达到其他种类的画所无法达到的效果。由于布料的品类繁多，不同的布料呈现的效果也有所不同，但是由于布的材料的特殊性，所呈现的画面效果一般比较概括和简洁(见图3-2、图3-3)。

要完成一幅完整的布贴画，首先要对整个画面进行构思和设计。构思在任何画种的创作中都是不可缺少的。

图3-1 《磨谷》/布艺作品

图3-2 《与蝶共舞》/布艺作品

图3-3 《郁金香》/布艺作品

二、布贴画的材料工具

布贴画最重要的原料就是布。在这个科技发达的时代，布的种类越来越多，图案也越来越丰富。生活中常见的布的类型主要有棉布、粗布、麻布、不织布(见图3-4)、毛毡布等。

棉布是用棉纱织就，吸湿性、透气性极佳。麻布是以黄麻、亚麻等各种纤维制成的一种布料，具有清爽、透气、防腐等特点。不织布也叫无纺布，因为它是一种不需要纺纱织布而形成的织物，只是将纺织短纤维或者长丝进行定向或随机撑列，形成纤网结构，然后采用机械、热粘或化学等方法加固而成。简单地讲就是它不是由一根一根的纱线交织、编结在一起的，而是将纤维直接通过物理的方法黏合在一起的。非织造布突破了传统的纺织原理，并具有工艺流程短、生产速度快、产量高、成本低、用途广、原料来源多等特点。

对布料的剪裁以及拼接离不开辅助工具。在这里，需要准备的主要工具和材料有布、内衬纸板、直尺、剪刀、针、彩线、手工刀、尺子、胶水(乳白胶等)、双面胶、硬纸板、镊子等(见图3-5)。

图3-4 不织布

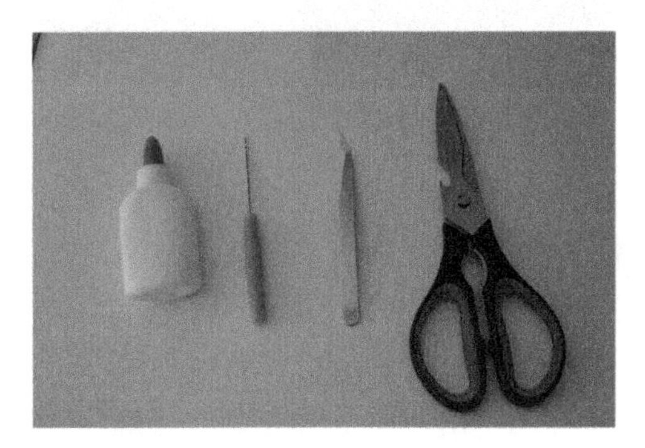

图3-5 乳白胶、锥子、镊子、剪刀

三、教学案例应用

1. 布贴画的制作方法

本案例展示的布料材质是凤尾纱(见图3-6)，这是一种人造棉，凤尾纱材料柔软，有一种渐变的效果。和其他布料相比，它的颜色更加丰富，非常适合布艺的制作。在制作之前，要先想好需要的颜色，比如这幅作品中草地的绿色，小猫身体的白色和粉色等来准备不同颜色的布料。

(1) 首先准备一张作为背景用的硬纸板。作为背景的这个硬纸板需要有一定的硬度和厚度，因为它是整幅画的支撑，如果太软、太薄，作品容易破损和褶皱(见图3-7)。

图3-6 凤尾纱

图3-7 准备硬纸板

(2) 准备一张硬度适中的硬纸板。这个硬纸板不需要像背景纸板那么厚、那么硬，要软一点、薄一点，以便于剪裁。然后在硬纸板上画出要制作的画面的基本形状。画的时候要事先勾张小稿，在往硬纸板上画的时候要注意每一部分的比例关系(见图3-8~图3-10)。

(3) 沿事先画好的轮廓进行裁剪，剪的时候边缘要圆滑，以便于在往上包布的时候边缘圆滑(见图3-11、图3-12)。

(4) 找出需要的对应颜色的布，进行裁剪。裁剪的时候要比纸板形状大出一圈。选色的过程中要注意，色彩的搭配和整个画面的比例要统一(见图3-13)。

图3-8 画轮廓(一)

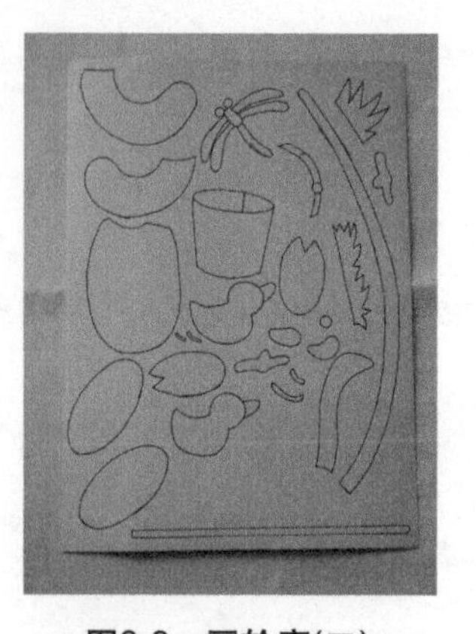

图3-9 画轮廓(二)

图3-10 画轮廓(三)

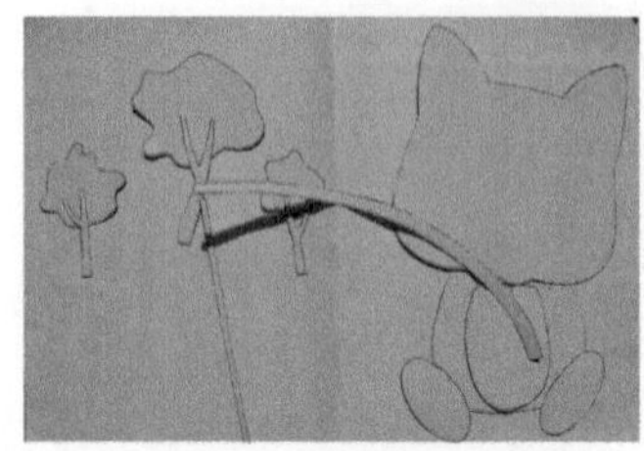

图3-11 将画好的轮廓剪下来(一)

图 3-12 将画好的轮廓剪下来(二)

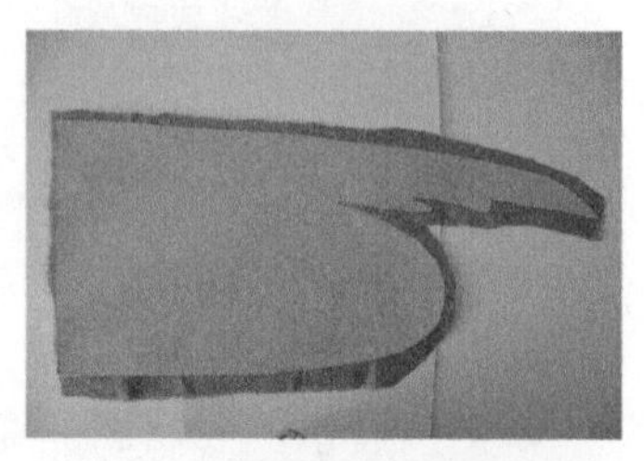

图 3-13 将剪好的纸模放到布上并剪出布的轮廓

(5) 涂抹胶水，进行粘贴。涂胶水的时候一定要涂均匀，首先要将裁剪好的硬纸板均匀地涂满胶水，然后将布按照事先裁好的形状和纸板粘到一起，最后将其边上预留出来的一圈布也涂抹上胶水，再将涂上胶水的布折过来粘在硬纸板上，进行包边。粘的时候要注意边缘的贴合度，不要留缝隙。粘完以后，就会发现事先剪好形状时，边缘的圆滑很重要(见图3-14、图3-15)。

(6) 按照以上步骤分别完成以后，将其粘到我们事先准备好的背景硬纸板上。在做的时候要注意颜色的搭配。对个别细小的、需要调整的地方进行调整，最后完成作品(见图3-16)。

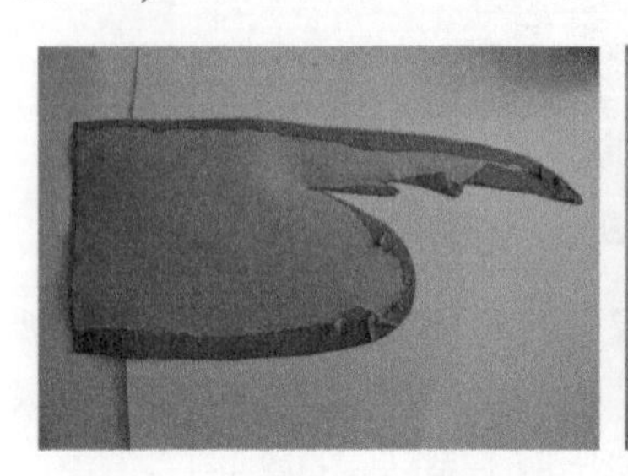

图3-14 涂抹胶水，锁边(一)

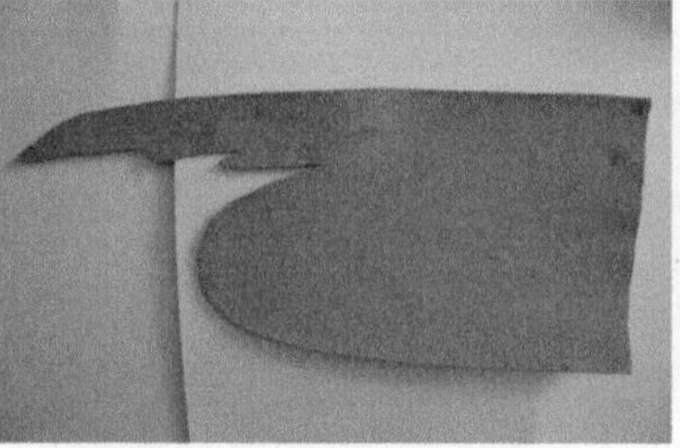

图3-15 涂抹胶水，锁边(二)

图3-16 《小猫钓鱼》/布艺作品/刘霞

2. 布贴画作品《太阳花》

布贴画作品《太阳花》的制作步骤见图3-17~图3-22。

图3-17 步骤一

图3-18 步骤二

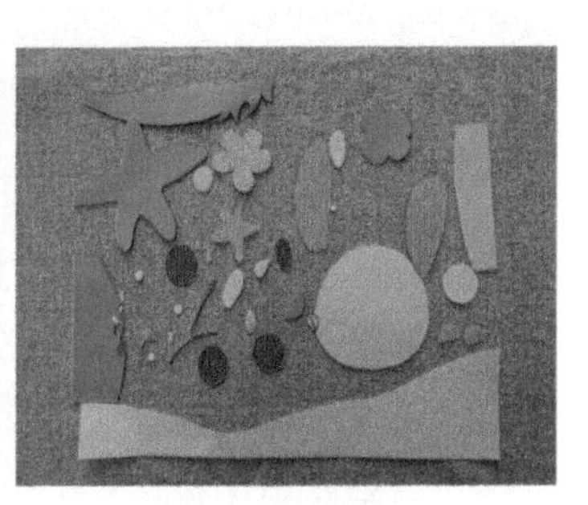
图3-19 步骤三

图3-20 步骤四

图3-21 步骤五

图3-22 步骤六

第二节 布艺创作

布艺创作.mp4

布艺即布上的艺术，是我国民间传统工艺之一，下面以布娃娃为例讲解布艺创作。

一、布艺创作概述

中国布艺代代相传，表现出作者对生活的理解和渴望，倾注了人们无尽的智慧，具有鲜明的艺术特色。

“图必有意，意必吉祥。”中国民间布艺多用一些象征性的图形，如花卉、虫鸟、植物等表达作者祈盼吉祥、趋吉避凶的美好愿望；老年人用品多用“福、禄、寿”题材，祝愿老人健康长寿；儿童用品常用老虎、“五毒”(蝎子、蛇、蜈蚣、壁虎、蟾蜍)等图案，以取避邪镇恶，希望小孩子像小老虎一样健壮；新婚夫妇用品喜欢用鸳鸯戏水、莲(连)生贵子、鲤鱼闹莲(象征婚姻和谐)图案，期盼家庭美满、多子多福；姑娘送给情郎定情香包、手帕等，以蝴蝶翩翩起舞图案或并蒂莲花图案含蓄地表达隐藏在姑娘心底的秘密，针针线线都浸染着爱慕之情。

布艺创作有很多表现方式，中国古代的民间布艺主要用于服装、鞋帽、床帐、挂包、背包、玩具和其他小件(如头巾、香袋、扇带、荷包、手帕等)的装饰。这些生活日常用品不仅美观大方，而且增强了布料的强度和耐磨能力。

布娃娃(见图3-23)最早被称为布玩具，是用布和彩线做出外形，在里面塞上棉花的动物造型，又被称为“耍货”和“玩意儿”。布娃娃的产生和发展经历了一个非常漫长的过程，其不但带有不同时期的文化，有使人愉悦的功能，还带有美好的祝愿，表达了人们对美好生活的祝愿和心愿。但是在古代，布娃娃还有一个反面的意思，就是所谓的巫蛊之术。

布玩具在我国有着悠久的历史，在六七千年前就有它的雏形，最早可以追溯到新石器时代。有些人认为玩具的产生是随着民俗活动或者宗教活动产生的。比如，在民间有着这么一个习俗，就是在孩子满月或者周岁时，家里的长辈会给孩子缝制一些布老虎。

不过当时由于材料有所限制，用陶土捏制和木材雕刻的较多。这是民间一种供人们娱乐的玩具，它有自己独特的色彩和造型，是中国传统文化的一个重要组成部分。因为布玩具最早是在民间形成与发展的，所以其与中国的传统民俗文化有着非常紧密的联系，是对传统文化与民俗的一种传承与发展，也是民俗文化的重要载体(见图3-24、图3-25)。

图3-23　《布老虎》/布艺作品

图3-24　《年年有余》/布艺作品

图3-25　《龙》/布艺作品

可以说，民间玩具算得上是范围最广的民间艺术，因为只要有儿童的地方都会有它们的身影。所以，布玩具的制作者大多是没有受过美术训练的劳动群众。他们在劳动之余，以自己的直觉和兴趣进行创作，所以制作出来的布玩具具有浓厚的乡土味儿和纯真热烈的感情色彩。这些作品大多是人们日常生活中的玩具或实用物品，它们不仅体现着劳动者乐观向上的情怀，而且在制作技艺方面，往往自由想象，任意发挥，具备了粗放、有力、刚健、天真的艺术特色。

布玩具的用料基本上以彩色的丝绸、绒布、绢缎、毛皮、彩线、金银纸、空心珠、锯末等为主要原料，经过设计、剪裁、缝制、粘贴、装饰、填充等许多工序制作而成。因为不同的时代、不同时期材料的限制，当地盛产什么材料，人们就会以这种材料为创作原材料。我国地大物博，品种丰富，每个地区所盛产的材料也不相同，所以，我国传统的玩具的材料主要有木头(竹木)、泥巴(陶土)、面粉、糖人、风筝以及最早的粗布玩具等。

民间的玩具颜色的搭配都非常简单、朴实和鲜明。根据不同材质的特性和地方特色以及某种材质产量的不同，可做出不同的造型和运用不同的色彩，但是这些造型和色彩都有鲜明的地方特色。这些玩具的形象或多或少与一些传说和节日有关。其产生的原因一般与游戏的需要、宗教的信仰和民俗有关。如在江南地区非常有名的祈福镇邪的泥塑娃娃大阿福，山西、陕西、山东地区的布老虎、布狮子、布猴子、布狗等(见图3-26、图3-27)。

现代的布玩具离不开对传统玩具的继承和发展。随着时代的进步、经济的发展，人们可以接触到的新鲜事物越来越丰富，以致现在布娃娃的品种和样式也越来越多，形象取材也越来越丰富，不再局限于一些民间传说或者动物形象，而是一些时下流行的动画人物等。这些形象大多是我们生活中比较关注的，如动画人物迪士尼的米老鼠、节日里的圣诞老人等。现代玩具的形象造型带有非常强烈的时代感，符合年轻人和孩童的喜好(见图3-28~图3-30)。

图3-26　《小狗》/ 布艺作品

图3-27　《虎虎生威》/ 布艺作品

图3-28　《小女孩》/ 布艺作品

图3-29　《小丑》/ 布艺作品

图3-30　《毛毡娃娃》/ 布艺作品

二、材料与工具

随着科技的进步，可用的材料种类越来越多，新兴布料的种类也越来越多，不再局限于棉布和棉絮，现在生活中常见的布料主要有棉布、不织布、绒布、毛绒布、毛毡、丝绸，以及平时生活中的旧袜子、旧手套、旧衣服等。辅助工具主要有针、线、剪刀、纽扣等(见图3-31~图3-33)。

(1) 在用线方面，使用平时缝制衣服的线即可。因为布娃娃的色彩比较丰富，所以需要用到的线的颜色也比较多(见图3-34)。

(2) 平时缝制衣服的针可作为制作布娃娃的针。一般市面上都是这种种类比较齐全的针板，可以满足不管是对造型身体的缝制还是对细小部分的调整的需要(见图3-35)。

(3) 填充物也是非常丰富的，主要有珍珠棉、棉花、太空棉、稻壳、记忆棉等(见图3-36、图3-37)。

图3-31　棉布

图3-32　毛绒布

图3-33　纽扣

图3-34　线

图3-35　针

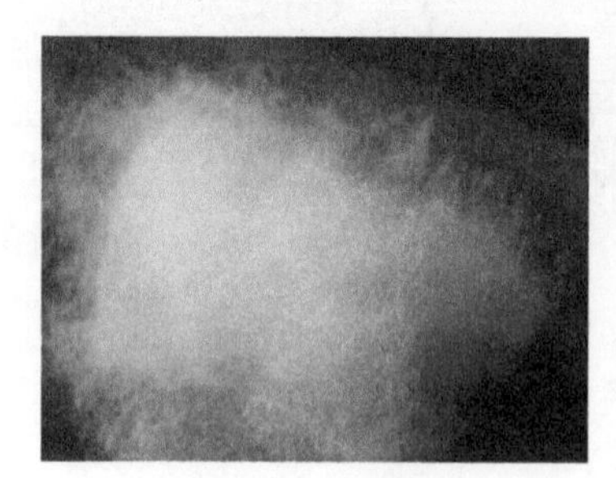

图3-36　太空棉

图3-37　珍珠棉

三、教学案例应用

1. 布娃娃制作步骤1

(1) 首先选好我们要制作的布娃娃的形象，然后根据需要分成几部分，先在硬纸板上画出每个部位的形状(见图3-38)。

(2) 将硬纸板上的形状依次剪下来，剪的时候要注意边缘的圆滑，以便于我们接下来直接按照纸板的模型在布上画轮廓(见图3-39)。

(3) 将剪好的纸板模型放到已经准备好的布上，沿着模板在布料上画出轮廓(见

图3-40)。

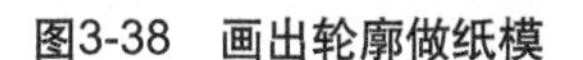

图3-38　画出轮廓做纸模

图3-39　进行裁剪

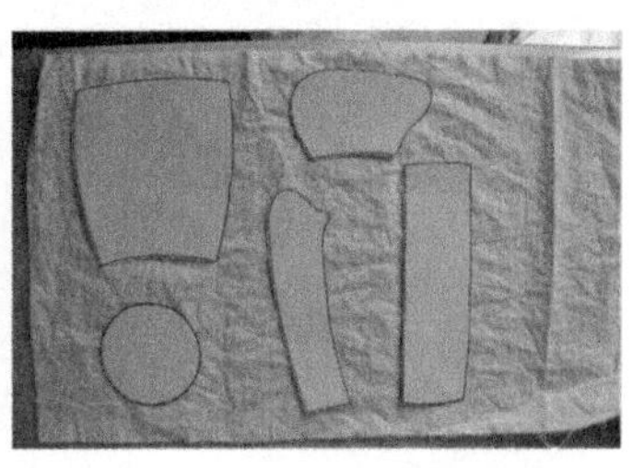

图3-40　按照纸模裁剪所需布料

(4) 因为我们需要做的布娃娃是立体的，所以每个部位都需要两片布。然后将每个部位都依次剪好(见图3-41)。

(5) 剪好以后就开始缝制了，在缝制之前，先来学习一下缝针的几种常用方法。一般缝制方法包括半倒钩针缝、倒钩针、绕缝、纵向绕缝等。首先我们要对线进行结扣，然后进行缝制，这里演示最常用的两种方法和拿布手法(见图3-42、图3-43)。

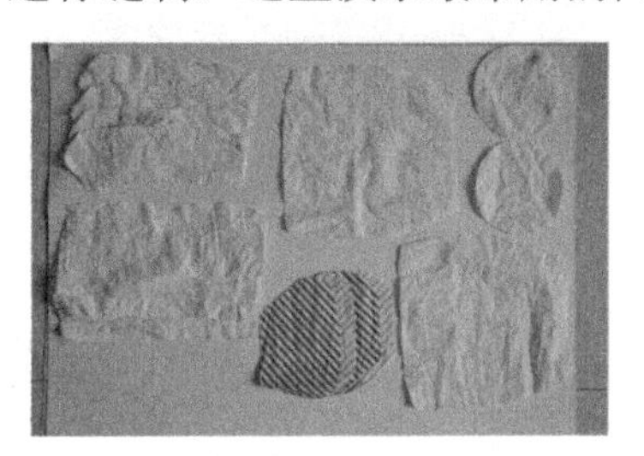

图3-41　分别裁剪好每个部位

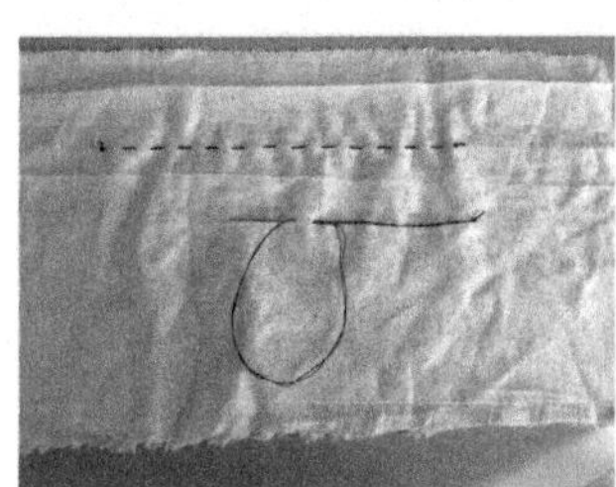

图3-42　半倒钩针缝

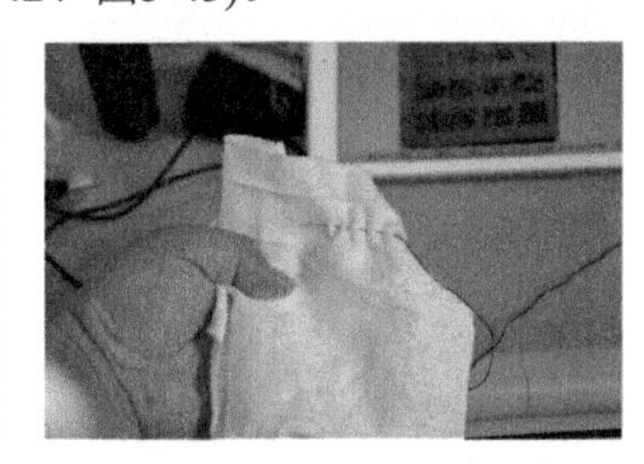

图3-43　纵向绕缝

(6) 了解了上述方法后，接下来我们进行缝制。首先，沿着边缘缝制剪好的布，缝的时候要把两片布的内侧向外翻，以便隐藏针脚，并且不要完全缝死，要留一个小口，这个小口是用来把缝好的两片布反过来和塞棉花用的。塞完棉花以后再将口子缝死，照此方法，依次做出布娃娃的每个部分。因为脚和腿用的布料是不同的，所以事先要把脚和腿缝到一起，然后再把两片布缝到一起(见图3-44、图3-45)。

(7) 这里需要讲解娃娃的眼睛和嘴，这个娃娃的眼睛和嘴是用黑色的缝衣线缝出来的，除了这种方法，还可以用纽扣装饰眼睛。脸上的装饰要在两片布缝到一起之前完善，不然两片布缝到一起再装饰就会特别麻烦(见图3-46)。

(8) 每个部位依次缝好以后塞上珍珠棉(见图3-47)。

(9) 布娃娃身体做完以后就要做头发，可采用编织中国结的玉线(这种线在市面上比较常见)来做，然后将线截成适当的长度(见图3-48、图3-49)。

(10) 截完以后找出每根线的中间点，然后一根一根地用线穿起来，这样头发会整齐有序(见图3-50)。

(11) 头发缝完以后再将其缝到娃娃的头部(见图3-51、图3-52)。

(12) 接下来为布娃娃制作衣服，先剪出需要缝制衣服的形状，然后对需要在两片布缝到一起之前锁边的部分进行锁边，最后将两片衣服缝到一起(见图3-53、图3-54)。

(13) 缝完以后即对衣领进行压褶，然后将肩上的两个角缝到一起。最后将衣服整理压平，这样衣服就完成了(见图3-55、图3-56)。

(14) 将制作完成的衣服穿到布娃娃身上(见图3-57、图3-58)。

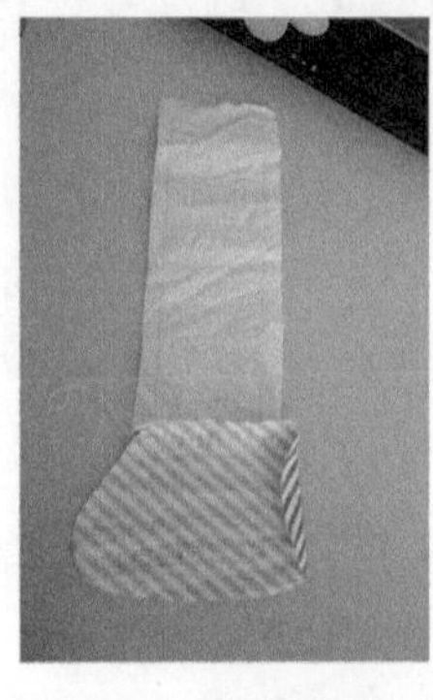

图3-44　布的背面向外进行缝制

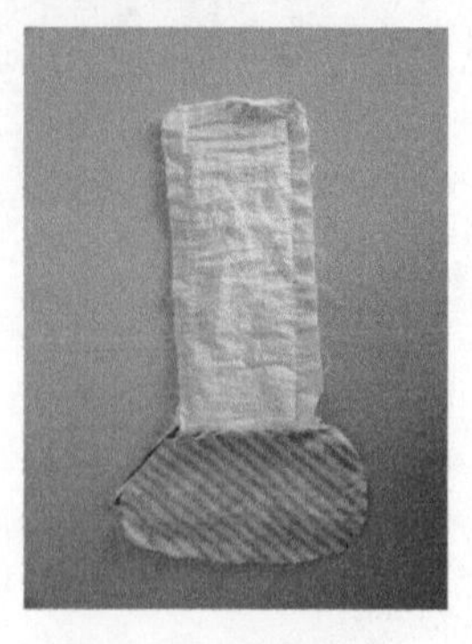

图3-45　缝制完成

图3-46　缝制眼睛和嘴巴

图3-47　每个部分依次缝制完成

图3-48　选择线

图3-49　将线截成长短一致的线段

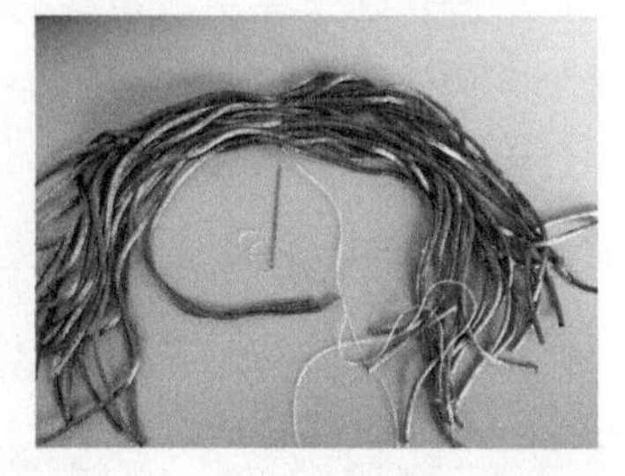

图3-50　用线将每根线段穿起来

图3-51　将穿好的线缝到头上面

图3-52　前后加固

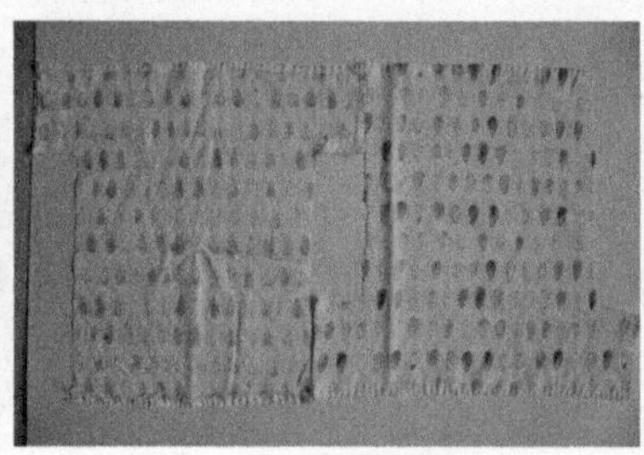

图3-53　剪裁衣服

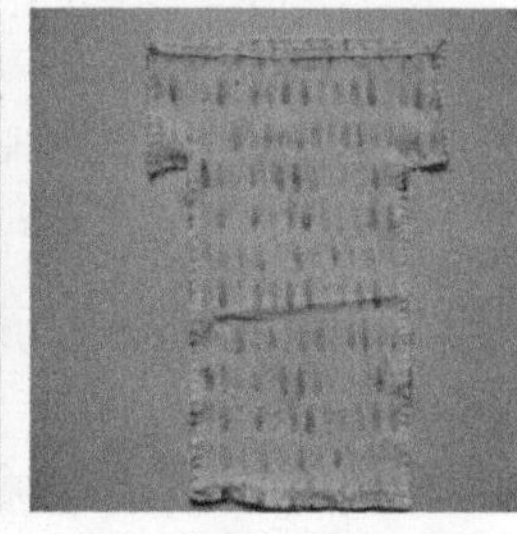

图3-54　衣服边缘进行锁边

图3-55　两片衣服缝到一起

图3-56　衣服制作完成

图 3-57　全部完成后穿上衣服

图3-58 《布娃娃》/布艺作品 / 刘霞

2. 布娃娃制作步骤2

布娃娃作品示例(见图3-59~图3-67)。

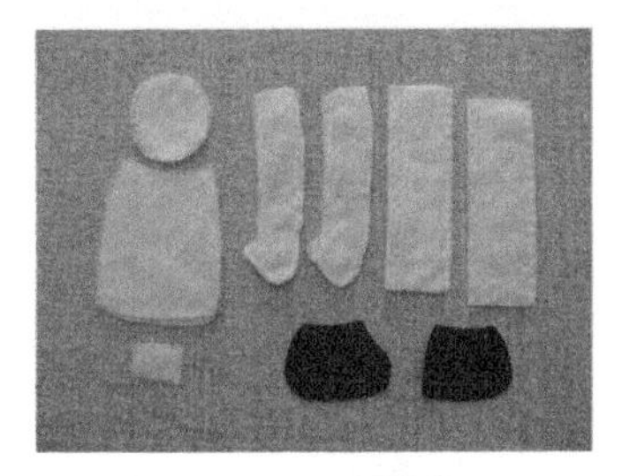

图3-59 步骤一

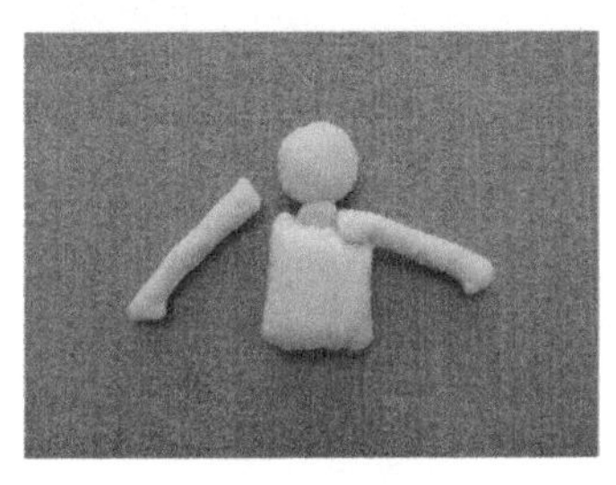

图3-60 步骤二

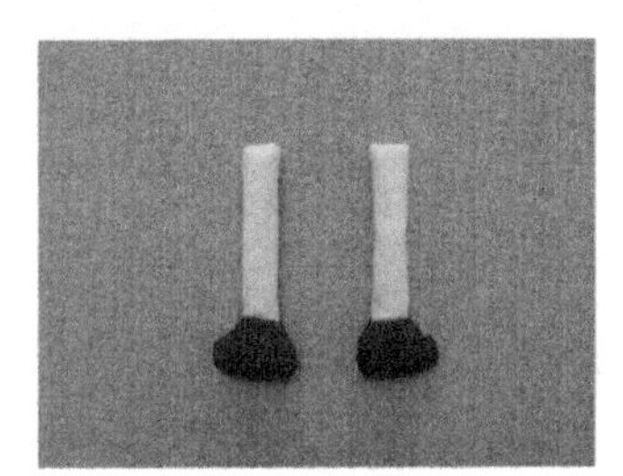

图3-61 步骤三

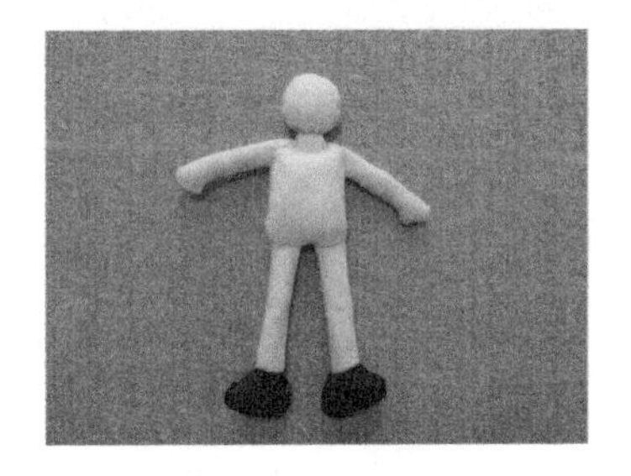

图3-62 步骤四

图3-63 步骤五

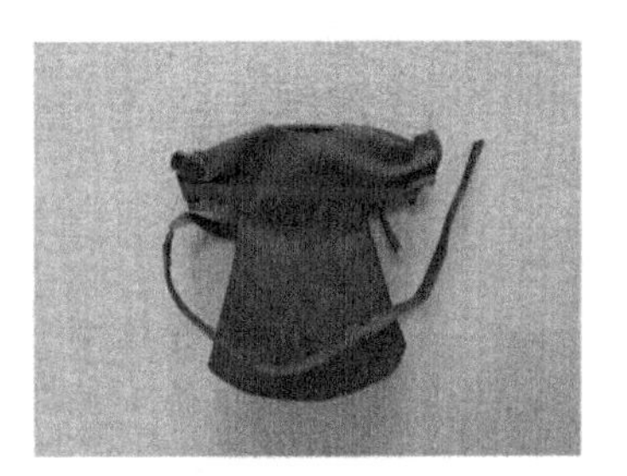

图3-64 步骤六

图3-65 步骤七

图3-66 步骤八

图3-67 步骤九

本章小结

本章主要介绍了布艺造型的种类与制作过程，重点介绍了布贴画的种类与材料工具、布艺创作的历史与表现方式。在此基础上，本章又对布贴画、布艺创作进行了介绍。

思考题

1. 独立完成一幅布贴画作品，题材不限，布质不限。
2. 根据自己对布娃娃的理解，做出自己喜欢的布娃娃类型。
3. 制作一个现代人物形象纸影人。

第四章　绳编、苇艺与草编

学习目标

- 中国结的历史与工艺
- 苇艺的起源与工艺
- 草编的历史与工艺

重点与难点

- 中国结的材料与制作过程
- 苇艺的编织方法
- 草编的编织方法

第一节　绳　编

绳编.mp4

一、中国结艺概述

绳编是古老的手工工艺，有着深厚的历史积淀，下面以中国结为例来讲解绳编工艺。

不知从什么时候起，现代人又将老祖宗那时候流行的饰物重新从箱子底下找出来，然后依葫芦画瓢，加上更多的想法、更多的点缀，于是，彩色丝线编扎成的粗粗细细的带子，有图腾纹样的小环儿、婀娜多姿的穗坠儿，这一切构成了美丽奇特的中国结。让人惊叹一根红绳原来可以编出这么多的花样。别小看这小小的中国结，它身上所显示的精致与智慧正是中华古老文明中的一个侧面，是人们追求随意、祈盼平安的一种意趣。

中国结是中国特有的民间手工编结装饰品，始于上古先民的结绳记事。据《易•系辞》载："上古结绳而治，后世圣人易之以书契。"东汉郑玄在《周易注》中道："结绳为约，事大，大结其绳；事小，小结其绳。"它作为一种装饰艺术始于唐宋时期，到了明清时期，人们开始给绳结命名，为它赋予了丰富的内涵，例如，如意结代表吉祥如意，双鱼结代表吉庆有余等。结艺在明清时期达到了鼎盛。

编结，因具有实用性和艺术审美价值，而被人们大量地运用于日常生活中。而且中国结还是一种帮助人们承受各种心理压力，并肩负着传递文化、交流思想、表达情感的重要工具。中华民族将自己对生命的认识、对未来的希望、对爱的渴求以及对亲人的祝福等美好的情感，融入结饰内，这样就创造了具有象征寓意的中国结，并使其发展成为中国传统文化的一个重要组成部分。

中国结的特点是每一个结从头到尾用一根线编结而成，每个基本结又根据其形、意命名。把不同的结饰结合在一起，或用其他有吉祥图案的饰物搭配组合，就形成了造型独特、绚丽多彩、内涵丰富的传统吉祥饰物。每个结饰中都蕴含着事事顺心、路路通顺、世代绵长、福禄承袭、寿康永存、财富源源不断等吉祥寓意。使用基本结形，进行多层次的组合与变化，就可以编制各种不同的形制。

“结”是绳编饰品，它同布艺、刺绣并称为我国的三大手工艺品。中国结由于年代久远，其历史贯穿于人类史的始终，漫长的文化沉淀使得中国结渗透着中华民族特有的、纯粹的文化精髓、丰富的文化底蕴。“绳”与“神”谐音，中国文化在形成阶段，曾经出现过绳子崇拜。据文字记载：“女娲引绳在泥中，举以为人。”绳子像盘曲的蛇龙，而中国人是龙的传人，龙神的形象，在史前时代，就是用绳结的变化来体现的。“结”字也是一个表示力量、和谐，充满情感的汉字，无论是结合、结交、结缘、团结、结果，还是结发夫妻、永结同心，“结”都给人一种团圆、亲密、温馨的美感。“结”与“吉”谐音，“吉”有着丰富多彩的内容，福、禄、寿、喜、财、安、康无一不属于吉的范畴。“吉”就是人类追求的永恒主题，“绳结”这种具有生命力的民间技艺自然也就作为中国传统文化的精髓，兴盛长远，流传至今(见图4-1~图4-6)。

图4-1　中国结①

图4-2　中国结②

图4-3　中国结③

图4-4　中国结④

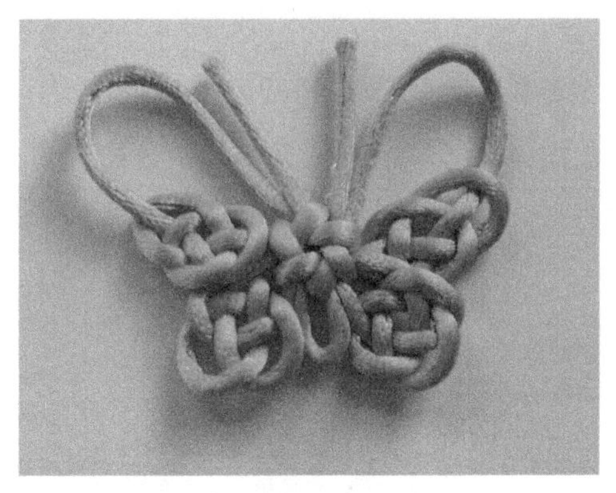

图4-5　《蝴蝶》/编织作品

图4-6　沈北新区蒲河学校中国结艺教室

二、教学案例应用

(一)编织材料与编结的基本程序

1. 编织材料

(1) 线材。中国结的生命，最主要的在于“线”。线的种类很多，适合编结用的线有丝、棉、合成纤维、尼龙、丙烯酸纤维等。这些不同类别纤维的编结材料具有各自不同的性质与特点(见图4-7)。

① 棉线。棉线属于天然纤维，手感温柔，光泽感不强，编出的结朴实无华。

② 合成纤维线。合成纤维线属于化学纤维，包括涤纶、锦纶、丙纶等。

③ 丝线。丝线质料为人造丝，质地较软，色泽艳丽，是用途最广的线。

④ 尼龙线。尼龙线质料为尼龙，质地较硬，适合编织较硬挺的结饰。

线的颜色有很多种，使用时可根据搭配的饰品或陶珠的颜色，巧妙地搭配，可以变化出五彩缤纷的特殊饰物。

(2) 配饰。中国结的配件有珠子、陶珠、木珠、陶瓶、宝石、玛瑙、珐琅、仿象牙、金属环等(见图4-8)。

① 珠子。有各种大小的珠子，可用来点缀结饰的空隙。

② 陶珠。陶珠有圆形、椭圆形、长条形、三角形，色彩也有多种变化。

③ 陶瓶。陶瓶是仿造瓷瓶所做的装饰品，有葫芦瓶、酒瓶、花瓶等。

④ 宝石。宝石是较昂贵的装饰品，民间也有仿制的代用品。

除此之外，配饰还有古铜钱、葫芦、元宝、铜铃等。

(3) 工具。编结虽然是用手来编织的，但也需要应用一些工具，如保丽龙板、珠针、剪刀、尺子、镊子、尖嘴钳、打火机、针、线、竹签、软木垫、钩针、树脂或胶棒、胶枪等(见图4-9)。

① 保丽龙板及珠针用于固定线绳，厘清编结线路的走向，便于经线的盘绕、穿插，使结形更清楚。

② 镊子。镊子用来帮助编结时的穿、压、挑。

③ 树脂。在线的尾端蘸上树脂后，再修饰收到结形里，这样可保持线尾不会松开。

④ 热熔枪。热熔枪常与热熔胶配套使用，用于粘连绳结或将配件粘在绳结上作装饰。

⑤ 尖嘴钳。较难拉线的结形可用尖嘴钳来拉。

图4-7　线材

图4-8　配饰

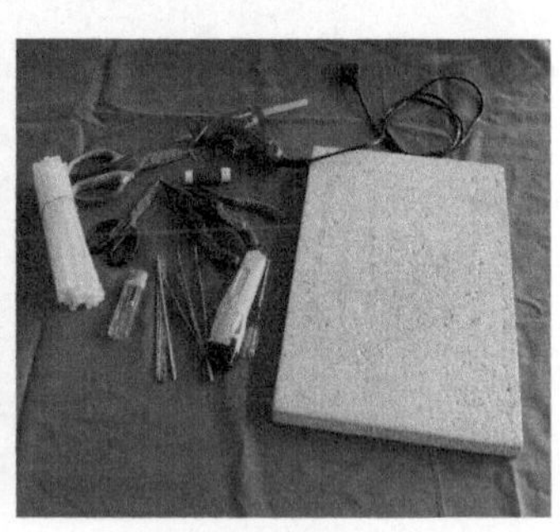

图4-9　工具

2. 编结的基本程序

(1) 准备。初练时，线头由于反复穿拉容易松散，因此在线头两端用打火机烧一下，或用胶带将端头粘成尖头形，便于穿拉。在练习基本结时，线的长度很重要，太短不够编一个结，太长又绊手绊脚，所以在编每一个结时，老师都会告诉你用线的长度，以免浪费线绳(见图4-10)。

(2) 抽线。结形刚编好时，只是一个松散的结构，这时必须将结的形状收紧，这便是“抽线”。要想抽好线，我们必须了解线的走向、外耳和内耳。可先将结心与结体抽紧，再调整外耳的大小。

抽线的松紧是决定结形美丑的主要条件，有的结形必须抽得紧，如盘长结、酢浆草结、纽扣结、双联结、团紧结等。有的结形必须抽得松，如双钱结、梅花结、龟形结等。

(3) 整理。抽线之后可再把外耳大小调整好，直到满意为止，这便是“整理”。整理是编结中最重要也最困难的一环。所以有句俗语叫“三分编结，七分整理”就是这个道理(见图4-11)。

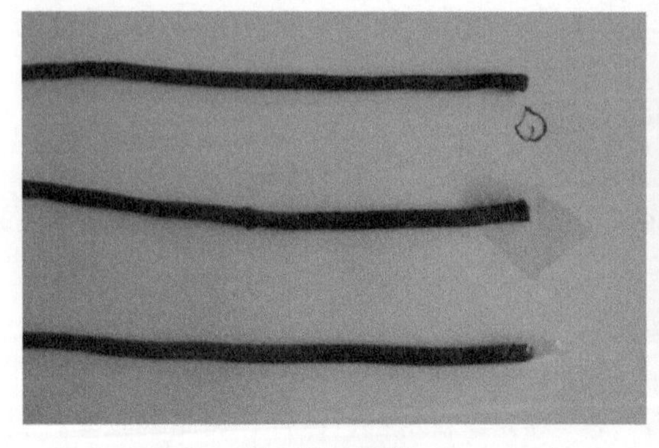

图4-10　烧线

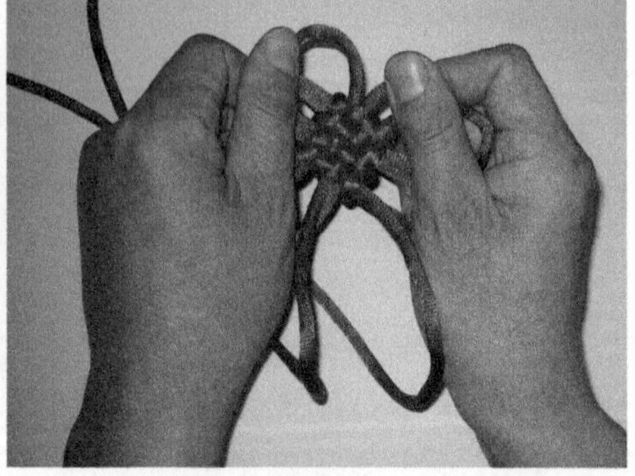

图4-11　整理

3. 编纽扣结

(1) 纽扣结。纽扣结形如钻石，故又称钻石结。纽扣结最初用于中国古代服饰中，是一种既实用又具装饰性的结饰。纽扣结常用于编手链、项链，用于大型结饰开头、收尾和固定的线头。单独做一个纽扣结需用30厘米的4号线。

(2) 制作过程。

① 准备一根线(见图4-12)。

② 将这根线挂在左手食指(见图4-13)。

③ 用这根线在左手大拇指上绕一个圈(见图4-14)。

④ 取出大拇指上的圈(见图4-15)。

⑤ 将大拇指上的圈向外翻转(见图4-16)。

⑥ 用左手大拇指按住这个圈，然后压在左手食指线上方(见图4-17)。

⑦ 用右手将a线从b线下拉向食指上方(见图4-18)。

⑧ 如此挑、压a线，从小圈中间的线的下方穿过(见图4-19)。

⑨ 轻轻拉动a线、b线(见图4-20)。

⑩ 将结体稍微缩小，从而形成一个立体的小花篮(见图4-21)。

a. 从食指上取下小花篮(见图4-22)。

b. 用其中的一根线按图4-23所示顺时针方向绕过小花篮右侧的提手，然后朝下穿过小花篮的中心。

c. 用另外一根线按顺时针方向绕过小花篮左侧的提手，同样向下穿过花篮的中心(见图4-24)。

d. 拉紧两端的线，根据线的走向将结体调整好(见图4-25)。

e. 一个漂亮的双线纽扣结就做好了(见图4-26)。

f. 重复步骤③到步骤⑩的做法继续完成双线纽扣结(见图4-27)。

g. 重复以上的做法，即可编出连续的双线纽扣结(见图4-28)。

图4-12　步骤一

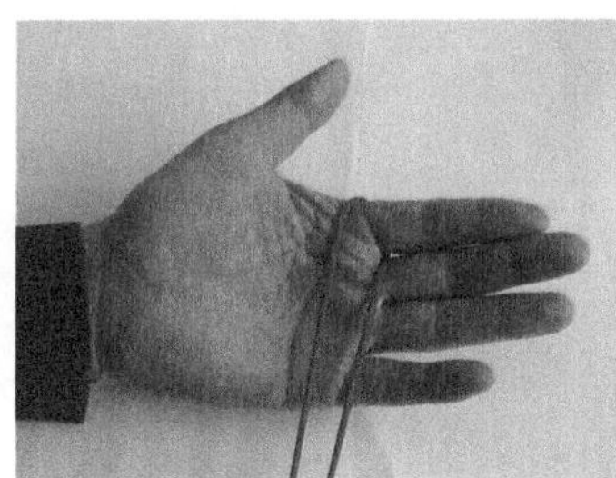

图4-13　步骤二

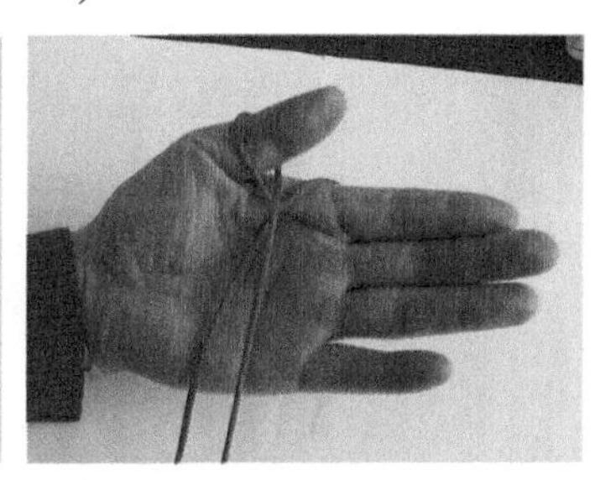

图4-14　步骤三

图4-15　步骤四

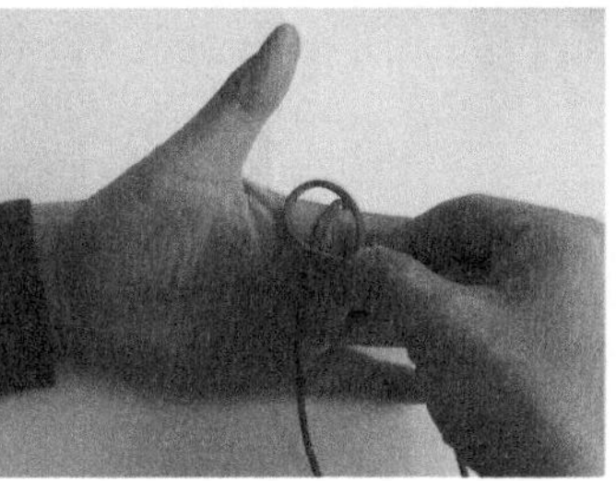

图4-16　步骤五

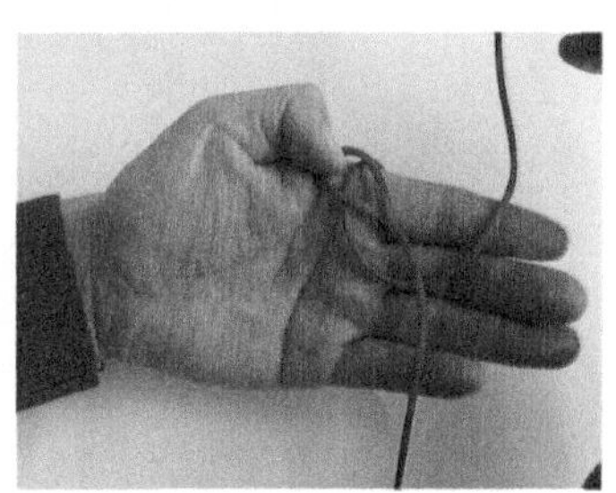

图4-17　步骤六

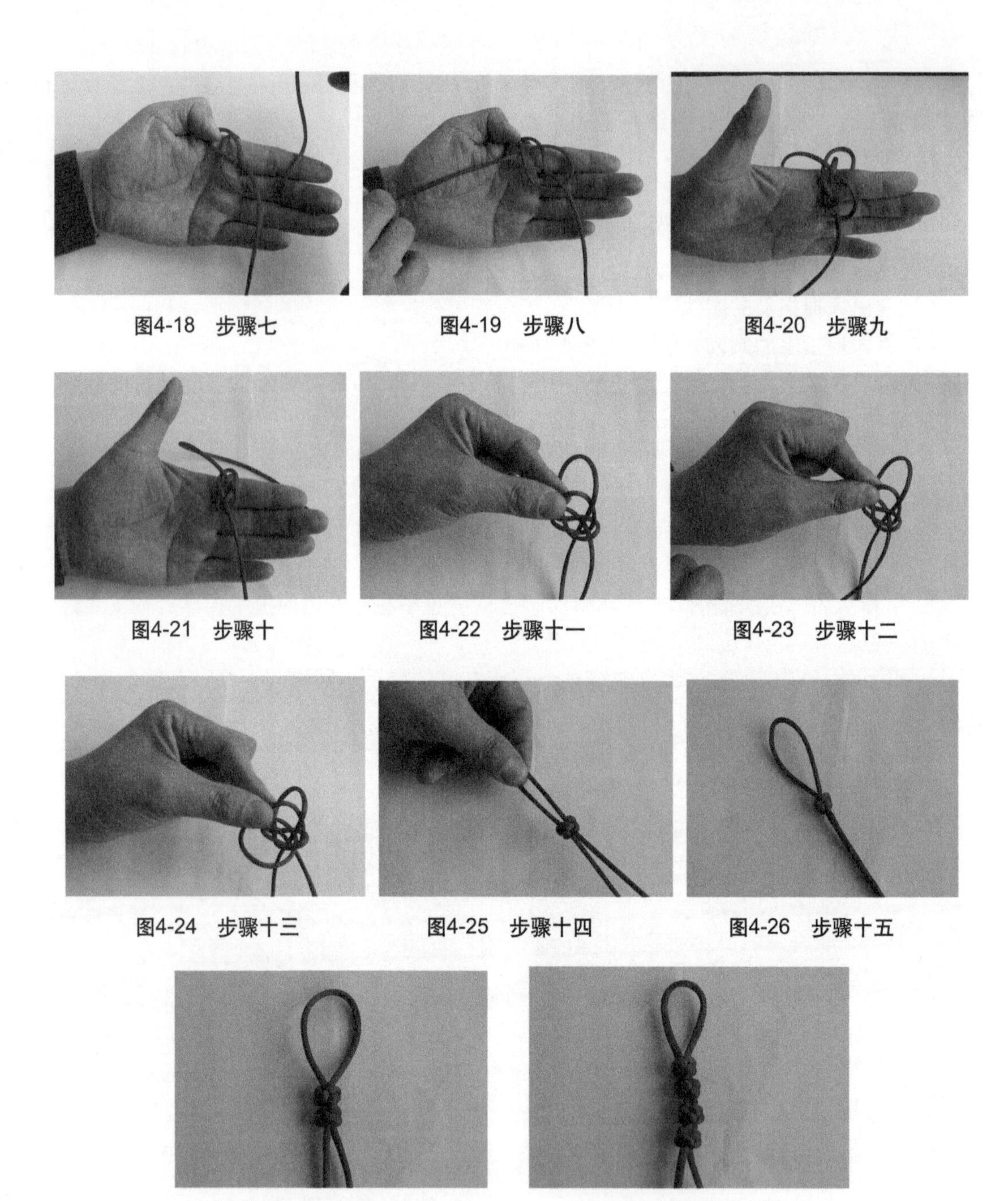

图4-18　步骤七　　图4-19　步骤八　　图4-20　步骤九

图4-21　步骤十　　图4-22　步骤十一　　图4-23　步骤十二

图4-24　步骤十三　　图4-25　步骤十四　　图4-26　步骤十五

图4-27　步骤十六　　图4-28　步骤十七

4. 编双联结

(1) 双联结。双联结是以两个单结相连而成，又称为“双扣结”。它的结形浑圆、小巧，最大的特点是不易松散，常被用于编制结饰的开端或结尾、固定主线的头尾部分，有时用来编手链、项链(见图4-29)。

(2) 制作过程。主线双联结是由两个单结相连呈X形，再上下抽紧而成，抽的时候两结收束的速度要一致，抽紧后结形自然显露，可以省掉许多修饰。

① 取一根线对折，形成两段(见图 4-30)。

② 红线挑绿线再向右压绿线，绕出左圈(见图 4-31)。

③ 红线穿过左圈(见图 4-32)。

④ 绿线压住左圈逆时针绕出右圈(见图 4-33)。

⑤ 绿线穿过红线左圈(见图 4-34)。

⑥ 绿线再向下穿出右圈(见图4-35)。

⑦ 把两线均匀收紧即成双联结(见图4-36)。

图4-29 双联结

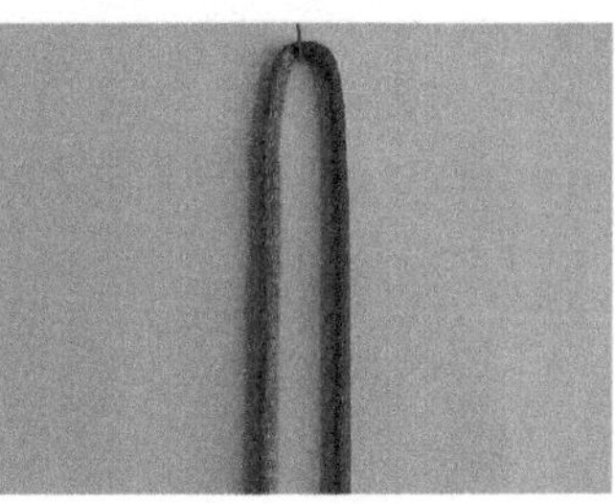

图4-30 步骤一

图4-31 步骤二

图4-32 步骤三

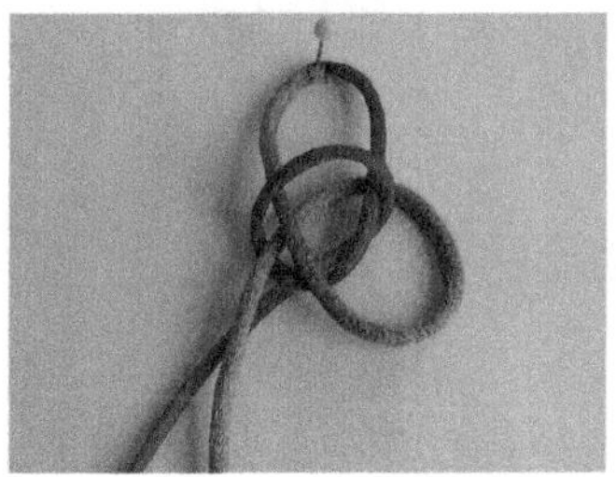

图4-33 步骤四

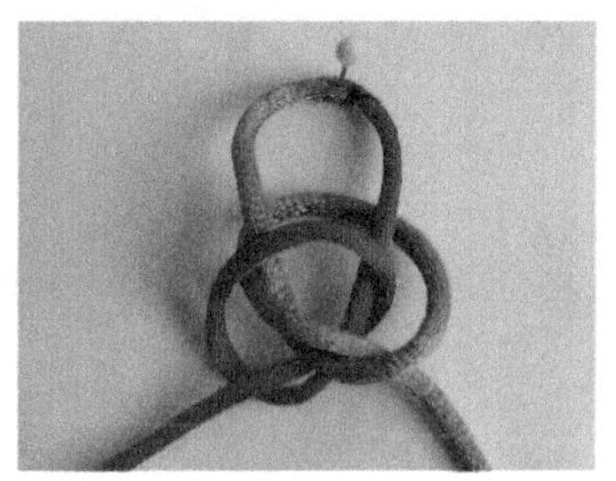

图4-34 步骤五

图4-35 步骤六

图4-36 步骤七

5. 编双翼双联结

(1) 双翼双联结。双翼双联结(见图4-37)常用于编手链、项链等，双翼双联结之间的连接线是圆圈，可以在上面穿上珠子做装饰，单独练习时可准备100厘米长的4号线。

(2) 制作过程。

① 准备一根线对折(见图4-38)。

② 将红线按顺时针方向绕个圈(见图4-39)。

③ 将绿线穿入红线圈中(见图4-40)。

④ 将绿线逆时针方向绕个圈(见图4-41)。

⑤ 拉紧绳结两端，调整好结体，即完成一个双翼双联结(见图4-42)。

⑥ 按照步骤②到步骤④的做法再完成一个双翼双联结(见图4-43)。

⑦ 拉紧线的两端，调整好两个双联结之间线的长度(见图4-44)。

⑧ 重复同样的做法，可连续编出双翼双联结(见图4-45)。

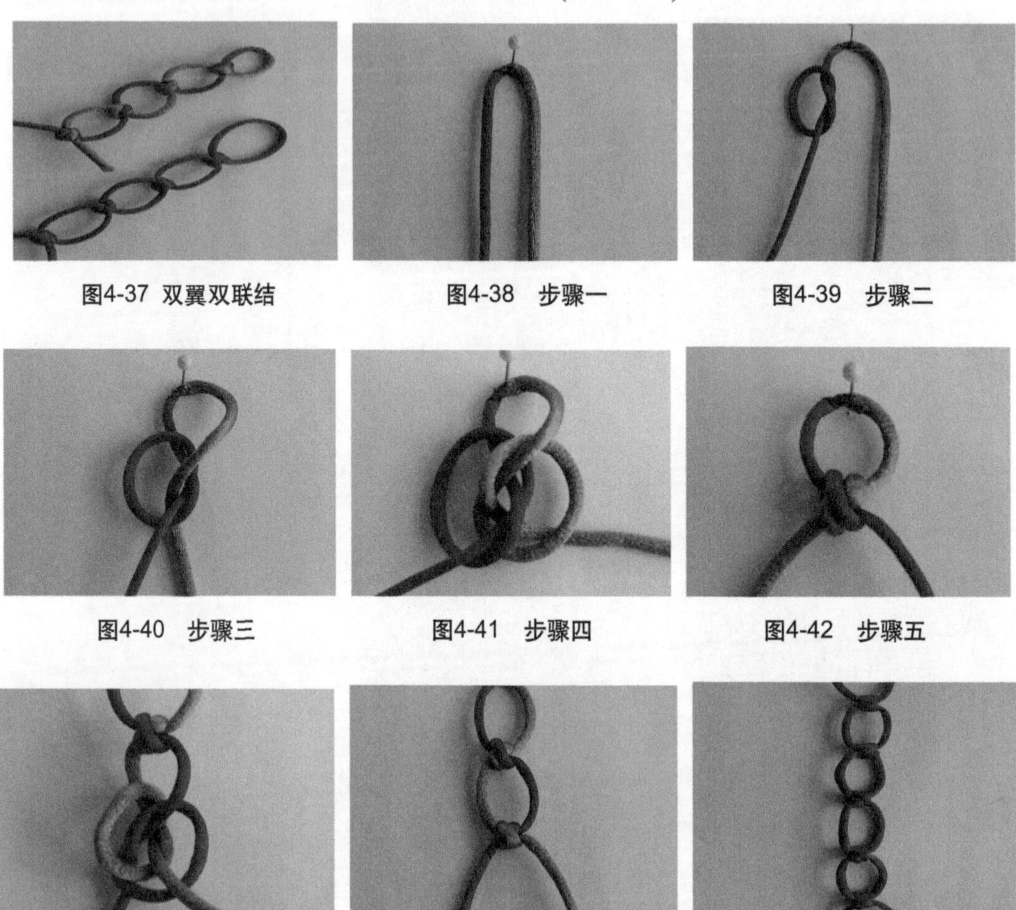

图4-37 双翼双联结　图4-38 步骤一　图4-39 步骤二

图4-40 步骤三　图4-41 步骤四　图4-42 步骤五

图4-43 步骤六　图4-44 步骤七　图4-45 步骤八

6. 编双钱结

(1) 双钱结又称金钱结或双金钱结，形似两个古铜钱相连接，象征着“好事成双”。双钱结在古时候又称为“泉”，与“全”同音，寓意为“双全”。

双钱结(见图4-46)的外观呈环形，结形气派、大方，常被应用于编制胸针、项链、腰带等饰物，利用多个双钱结的组合，可构成美丽的图案，如五福结、十全结。单独做一个双钱结用30厘米长的4号线。

(2) 制作过程。

① 准备一根线对折(见图4-47)。

② 将左侧线逆时针绕一个圈，压在右侧线上(见图4-48)。

③ 右侧线做挑、压，再顺时针绕穿出两个圆圈，然后调整好结体(见图4-49)。双钱结的缺点是不太坚固，可以纵向或横向连着编(见图4-50、图4-51)。

图4-46 双钱结

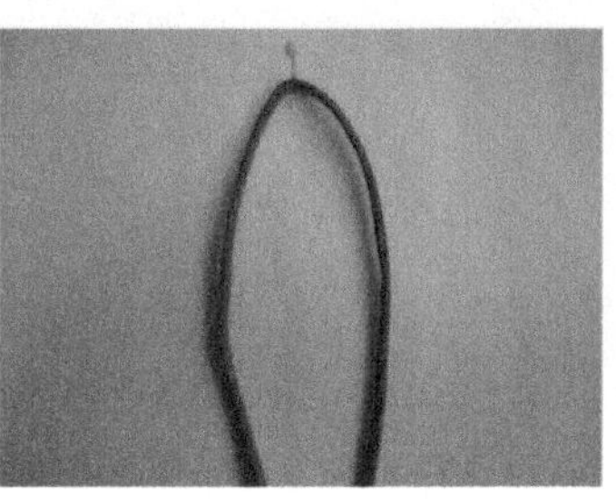

图4-47 步骤一

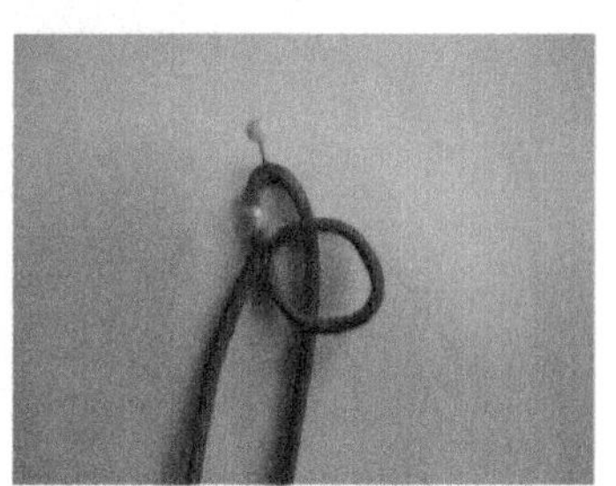

图4-48 步骤二

图4-49 步骤三

图4-50 纵向连编

图4-51 横向连编

7. 编梅花结

(1) 梅花结。梅花结形状就像五瓣的梅花，故称“梅花结”(见图4-52)。单独做一个梅花结需用50厘米长的3号线。

图 4-52 梅花结

(2) 制作过程。

① 准备一根线对折(见图4-53)。

② 右边线压在左边线下顺时针绕个圈(见图4-54)。

③ 右边线插入左边圈内，形似铜钱重叠(见图4-55)。

④ 继续拿右边线用压、挑的方法从两个铜钱孔穿入穿出，应注意线的走向(见图4-56)。

⑤ 左边线依照图的走向一挑一压穿出即成(见图4-57)。

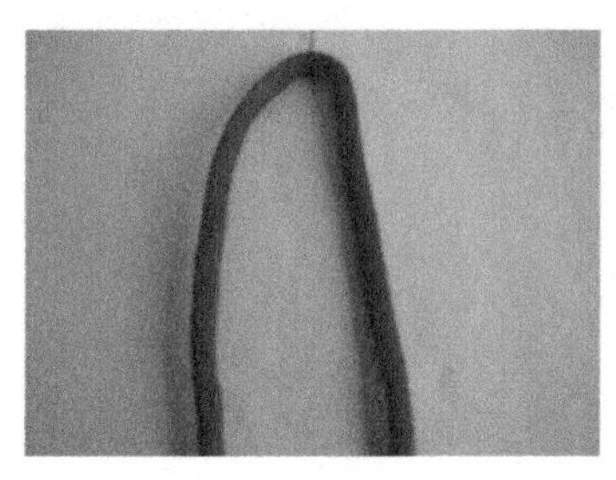

图4-53 步骤一

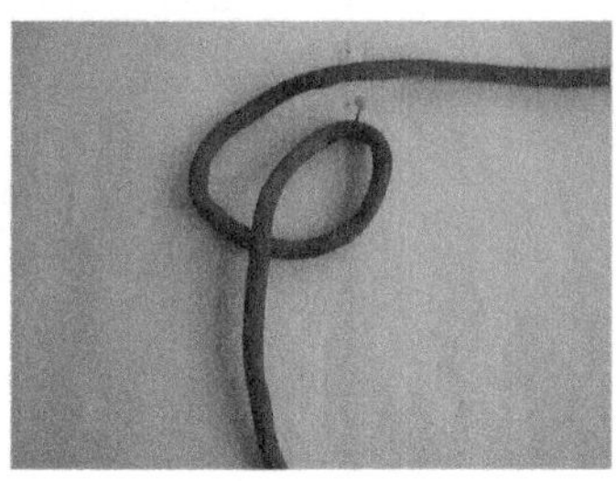

图4-54 步骤二

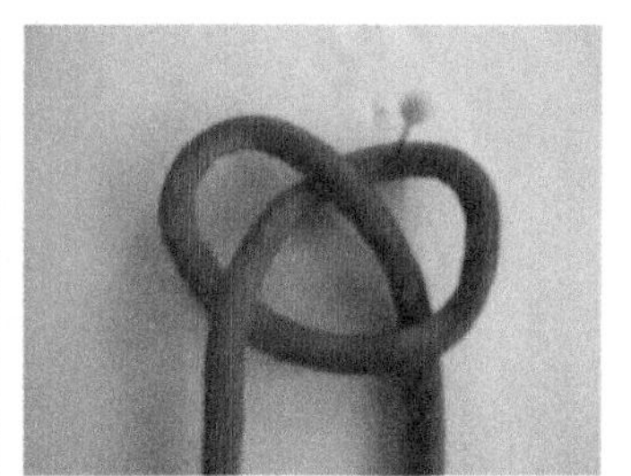

图4-55 步骤三

⑥ 将结形整理均匀，将多余的线剪掉，在线端用火烤一下对接上，这样一个五瓣梅

花结即编成(见图4-58)。

图4-56 步骤四

图4-57 步骤五

图4-58 步骤六

8. 酢浆草结

(1) 酢浆草结。酢浆草结的结形中央有4个圆圈相扣，形状如酢浆草的花瓣，因此而得名。在我国古老结饰中，酢浆草结的应用很广，就是因为其结形美观，易于搭配其他结饰且寓意幸运吉祥(见图 4-59)。单独做一个酢浆草结需用30厘米长的4号线。

(2) 制作过程。

① 准备一根线，将线拉出两个“小耳朵”，形成“内耳1”和“内耳2”(见图4-60)。

② 将“内耳2”穿入“内耳1”中(见图 4-61)。

③ 再拉出一个②，将“内耳3”穿入“内耳2”中(见图4-62)。

④ 将线穿入“内耳3”，勾住“内耳1”的线，再反方向穿出“内耳3”(见图4-63)。

⑤ 将外耳向四周拉紧，再调整外耳的大小。一个漂亮的酢浆草结就编成了(见图4-64)。

图 4-59 酢浆草结

图4-60 步骤一

图4-61 步骤二

图4-62 步骤三

图4-63 步骤四

图4-64 步骤五

9. 编盘长结

(1) 盘长结。“盘长”是佛门“八宝”中的第八宝，象征着连绵不绝、长长久久。盘长结结体可大可小、可长可方，可以走四线、六线、八线……其耳翼可以随意调整长短和大小。还可以在盘长结的基础上改变编结走线的顺序，变化出很多种结体。这里介绍最常用的二回盘长结(见图4-65)。单独做一个二回盘长结需用120厘米长的4号线。

(2) 制作过程。

① 准备120厘米4号线，定好中心点，由中心点开始，使右线分成两组平行线。两组平行线的长度应为4～5厘米(见图4-66)。

② 再做出两组横向的平行线，这两组横线穿过两组竖线的中央(见图4-67)。

③ 左边黄色线绕过红色竖线。线头向右时，全部压在下，线头向左时，全部压在上(见图4-68)。

④ 黄色线最后两圈竖线向上时“压1挑3”做两次，向下时“压3挑1”绕回原处，做两次(见图4-69)。

⑤ 上下左右各两圈线全部穿好后，平稳地向外拉外耳，从而使中心结体收紧(见图4-70)。

⑥ 确定并拉好6个耳翼，调整好耳翼的大小，将中心结体收紧、压平。这样一个二回盘长结即制作成功(见图4-71)。

图 4-65　盘长结

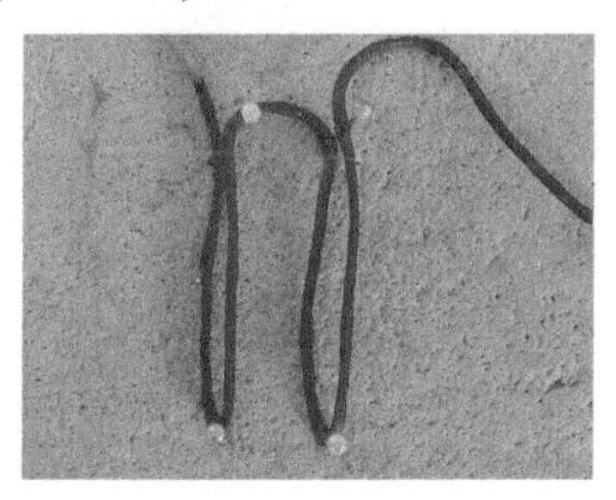

图4-66　步骤一

图4-67　步骤二

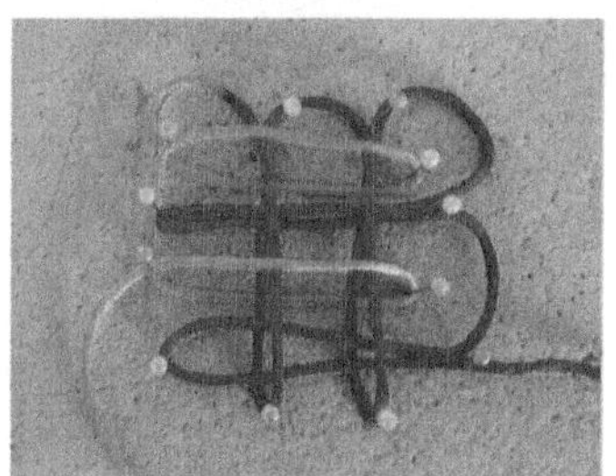

图4-68　步骤三

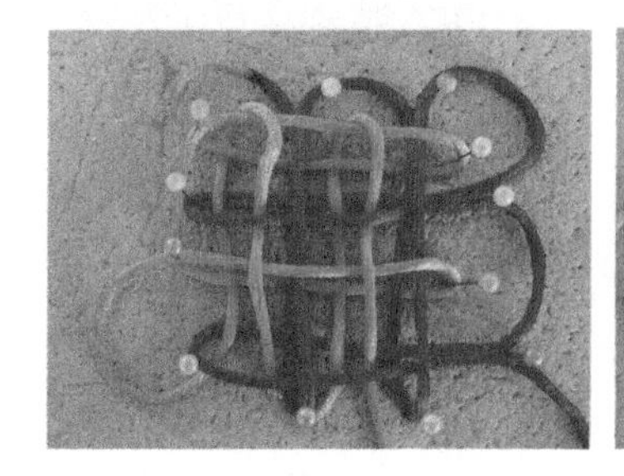

图4-69　步骤四

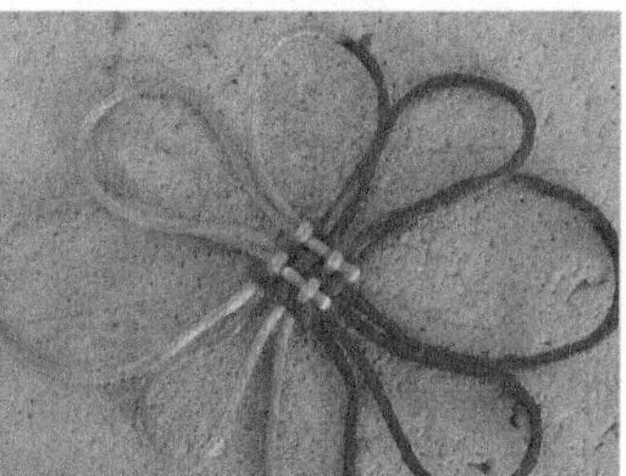

图4-70　步骤五

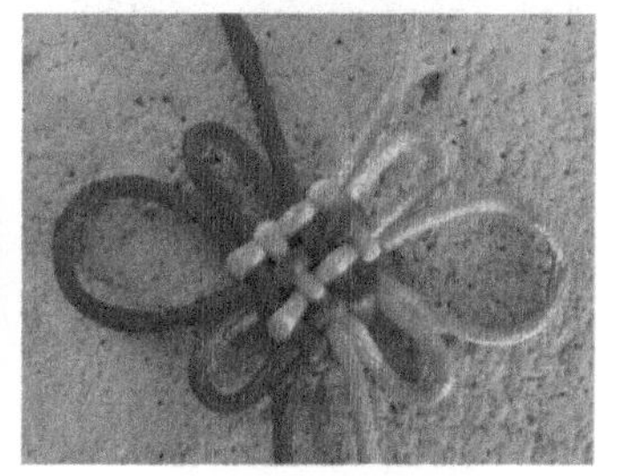

图4-71　步骤六

(二)作品示例

如图4-72~图4-88所示为绳编作品示例。

图4-72 《永无止境》/绳编作品 /周铁林

图4-73 《井然有序》/绳编作品 /周铁林

图4-74 《花样年华》/绳编作品 / 周铁林

图4-75 《花团锦簇》/绳编作品 /周铁林

图4-76 《相依相随》/绳编作品 /周铁林

图4-77 《岁岁平安》/绳编作品 /周铁林

图4-78 《富运迭至》/绳编作品 / 周铁林

图4-79 《前程似锦》/绳编作品 / 周铁林

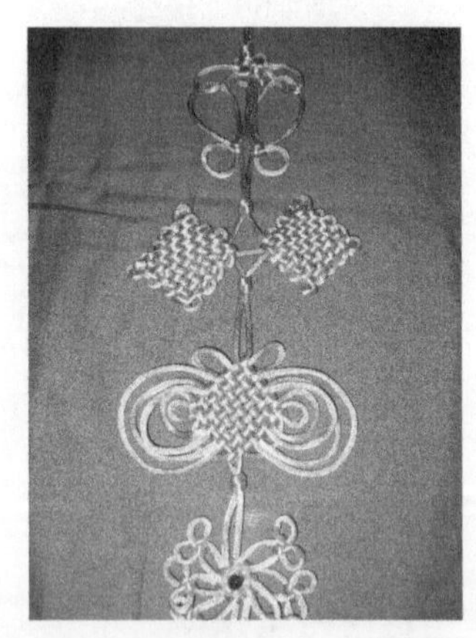

图4-80 《春暖花开》/绳编作品 /于明洁(学生)/指导老师：周铁林

图4-81 《荷塘月色》/绳编作品/王心心(学生)/指导老师：周铁林

图4-82 《蜻蜓点水》/绳编作品/乔晓雨(学生)/指导老师：周铁林

图4-83 《梦幻乐园》/绳编作品/董月(学生)/指导老师：周铁林

图4-84 《吉庆祥瑞》/绳编作品 / 周铁林

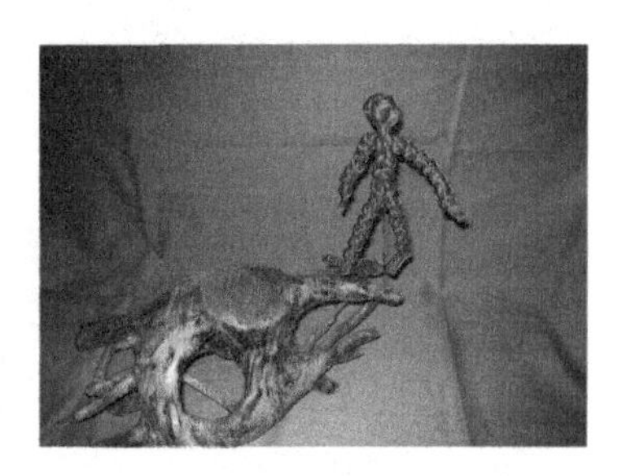

图4-85 《中国龙》/ 绳编作品 / 周铁林

图4-86 《永远向前》/绳编作品 / 周铁林

图4-87 《苹果树》/绳编作品 /白金谛(学生)/指导老师：周铁林

图4-88 《花的世界》/绳编作品 / 杨欣(学生)/指导老师： 周铁林

第二节 苇艺与草编

苇艺与草编.mp4

一、苇艺

(一)苇艺的起源

苇艺根植于人民生产、生活实践中，是一种传统的民间手工技艺。盘锦小亮沟苇艺草编起源于清顺治年间(据《海城县志》记载)，至今小亮沟沿下辽河一带，还传有“棒打獐子瓢舀鱼，野鸡飞进饭锅里，家家户户编苇席”之说。

(二)苇艺的材料与工具

1. 芦苇的材料

芦苇是多年生草本植物，其生于湿地或浅水，叶子为披针形，茎中空、光滑，花为紫色。芦苇秆(见图4-89)含有纤维素，可以用来造纸和人造纤维。中国从古代就用芦苇编制“苇席”铺炕、盖房或搭建临时建筑。

2. 苇艺的工具

苇艺的工具有芦苇、刀、电烙铁、电熨斗、胶等(见图4-90)。

图4-89　芦苇秆

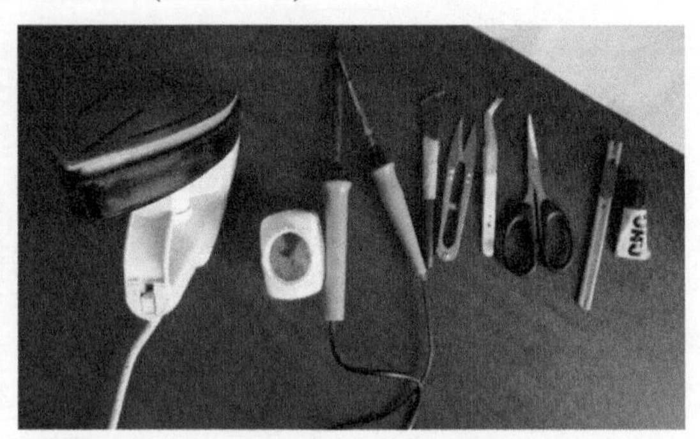

图4-90　苇艺工具

(三)教学案例应用

1. 花鸟画制作步骤

(1) 选料。选料就是根据要制作的内容选择芦苇。通常，质地较软、韧性好的芦苇适合制作苇艺作品。这是极其重要的一步，它直接影响制作进度和表现出来的最终效果。

(2) 剪节。剪节就是根据已选好的芦苇原料，用快刀将认准的部分一节一节地削取下来，去节头留中部备用(见图4-91~图4-93)。

(3) 浸泡。浸泡是指用水将截取好的芦苇段完全漫过，浸泡大约10~20分钟(见图4-94)。

(4) 划口。划口是指用刀子随意将截段好的苇秆一侧剖开(见图4-95)。

(5) 整平。此过程是要将芦苇秆转变为美术基础里有点、线、面三要素的面，多数使用家用电熨斗来处理完成(见图4-96)。

(6) 设计草图(见图4-97)。

(7) 用硫酸纸画出局部分解图(见图4-98)。

(8) 根据设计好的芦苇画稿，对整平的芦苇原料进行刮皮去薄，或刻成丝，或剪成毛，或与纸拼对黏合，通过组合叠压进行造型，一幅漂亮的芦苇画即可完成(见图4-99、图4-100)。

(9) 其最终效果如图4-101所示。

图4-91 去节头留中部备用

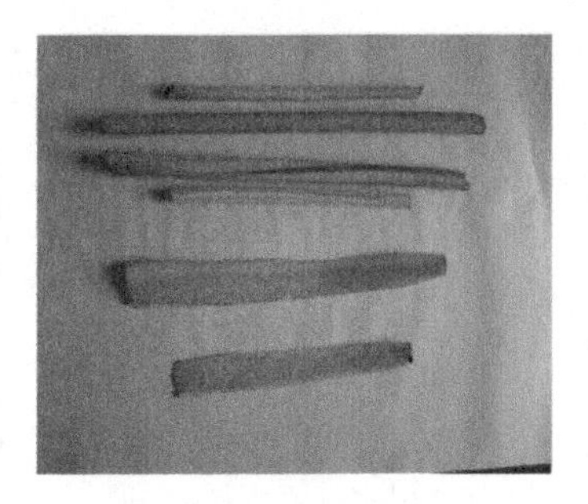
图4-92 剪节效果①

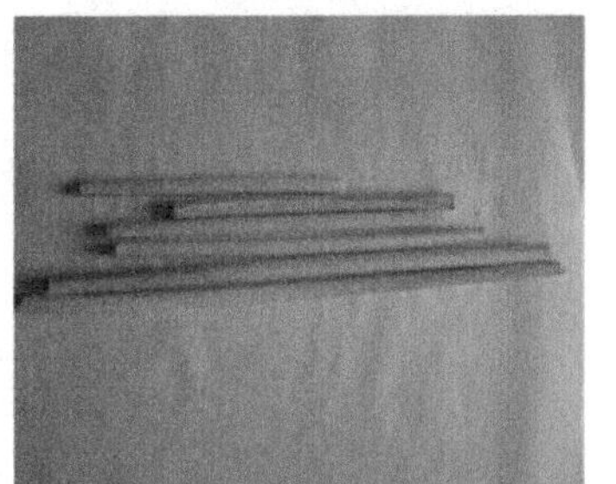
图4-93 剪节效果②

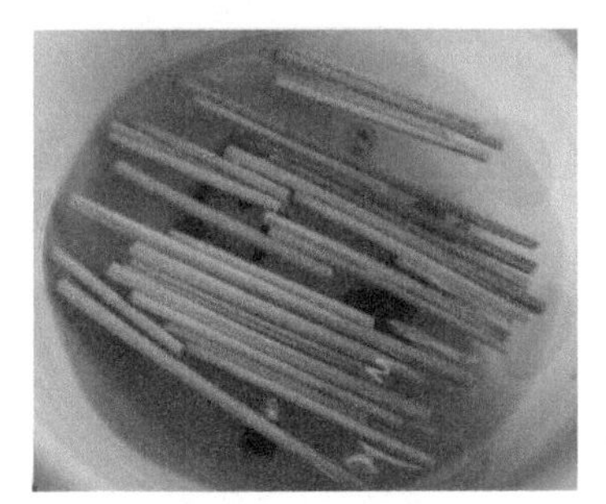
图4-94 浸泡

图4-95 划口

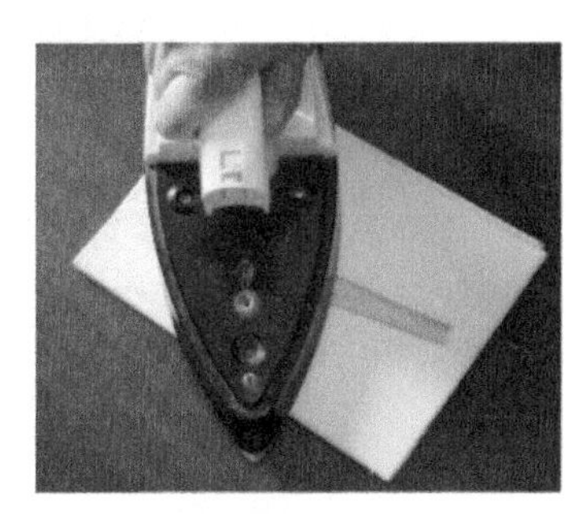
图4-96 整平

图4-97 设计草图

图4-98 局部草图

图4-99 拼合①

图4-100 拼合②

图4-101　《双鹤戏水》/ 苇编作品/ 张晓春

2. 风景画制作步骤

风景画的制作步骤如图4-102~图4-108所示。

图4-102　起稿

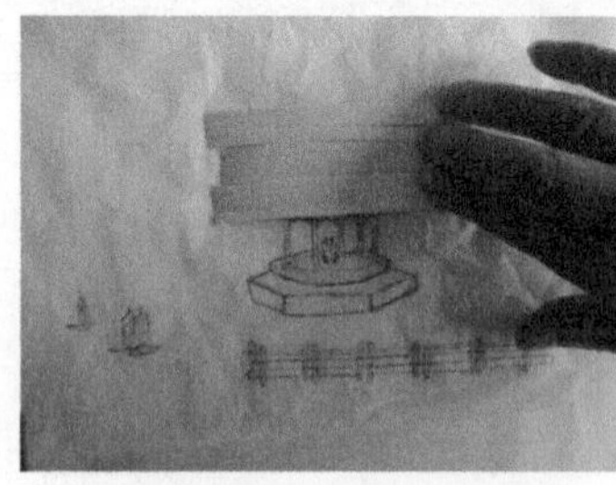

图4-103　根据起稿进行裁剪

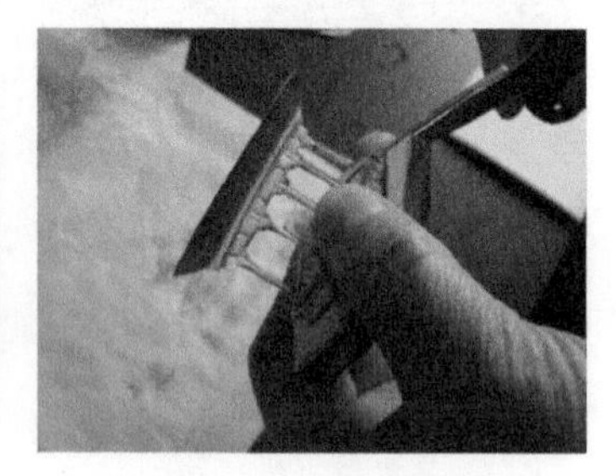

图4-104　裁剪

图4-105　利用工具烫出不同的颜色

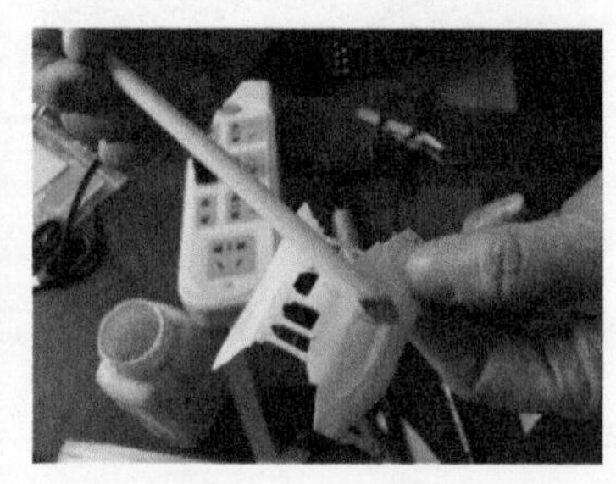

图4-106　涂胶

图4-107　粘贴

图4-108　《公园一角》/ 苇编作品/ 张晓春

3. 苇艺的作品示例

如图4-109~图4-127所示为苇艺示例。

图4-109 《稻香蟹肥》/苇编作品 / 张晓春

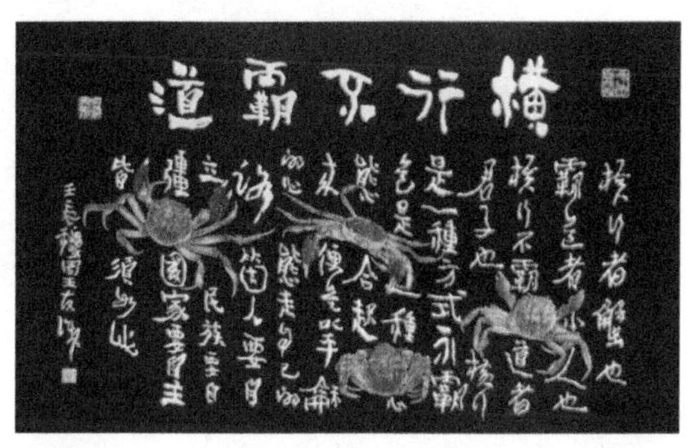

图4-110 《横行不霸道》/苇编作品 / 张晓春

图4-111 《富贵吉祥》/苇编作品 / 张晓春

图4-112 《双鸟报春》/苇编作品 / 张晓春

图4-113 《雄鹰展翅》/苇编作品 /周航

图4-114 《与鹤共舞》/苇编作品 / 张晓春

图4-115 《五牛图》/苇编作品 / 张晓春

图4-116　《松鹤延年》/苇编作品 / 张晓春

图4-117　《郑板桥四条竹图》/苇编作品 / 张晓春

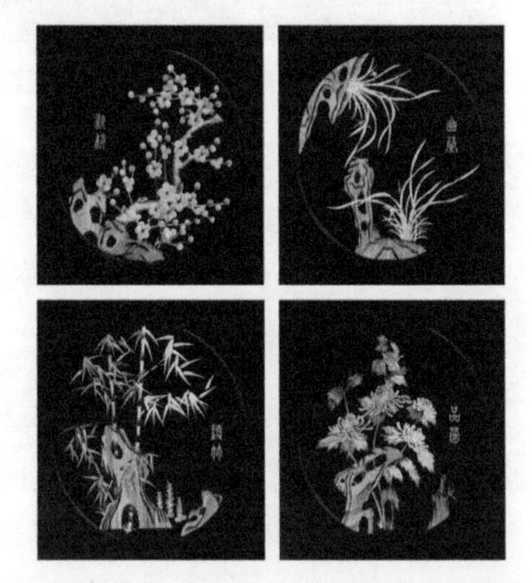

图4-118　《梅兰竹菊》/苇编作品 / 张晓春

图4-119　《红海滩》/苇编作品 / 张晓春

图4-120　《锦上添花》/苇编作品 / 张晓春

图4-121　《花开富贵》/苇编作品 / 张晓春

图4-122　《报春图》/苇编作品 / 张晓春

图4-123 《金鸡报晓》/苇编作品 / 张晓春

图4-124 《祝寿图》/苇编作品 / 张晓春

图4-125 《花团锦簇》/苇编作品 / 张晓春

图4-126 《鹤》/苇编作品 / 张晓春

图4-127 《双鹤起舞》/苇编作品 / 张晓春

二、草编

(一)草编的起源与历史

“编筐编篓，重在收口”，是我国东北的俗语，流传广泛，现如今十来岁的孩子也会听到老人们说的这句俗语。它不仅说出了编织的普及程度，也说出了人们对编织的喜爱和热爱之情。随着科技的进步、电子产品的普及，太多的机器代替了手工业，此时，编织技术不再像以前那样，是一种谋生手段，现在它成了一种文化象征，是人们通过编织对过去回忆、传承及发展。

人们心灵手巧，细致地运用大自然给予我们的丰厚的草编资源，以质朴、自然的方式编织出既富有民间特色又能带来诸多方便的编织品。我国资源丰富，全国各地可因地制宜地使用资源。草编制品种类非常广泛，从小孩的玩具到日用品，再到工艺品，种类繁多。

随着时代的变迁，编织的手法也在不断地创新和改变。

草编有着近万年的历史。我们的祖先在石器时代就用草编成裙子的形状，这也是人们早期的“衣服”。以后，陆陆续续就有了大量的席、篮、草鞋、草帽、草衣、草袋等来满足人们生活的需求。进入封建社会以后，人们不断地运用新的材料、新的编织方法制作草编。考古资料表明，汉代以前就有大量的草编、竹编、麻编等。明清以来，草编的技术更加成熟，工艺更加精细，席、篮、草鞋、草帽、杂品等类别的草编制品更加丰富。近代以来，草编仍在继续发展，值得一提的是，抗日战争时期，面临巨大国难，人们不怕困难，农民和军队在这一期间生产了大批量的草鞋、草帽、草席，给部队提供了坚实的后备物资力量。中华人民共和国成立后，人们还从竹编、藤编等工艺品中汲取了一些好的技艺，与草编相结合。草编制品不仅在国内受到好评，而且进入了国外市场，有些省的产品还销售到了德国、美国、土耳其、马来西亚等国家，受到了各国的欢迎和好评。20世纪以来，草编制品不仅在工艺上得到了更多的创新，而且也给我国带来了经济收益。改革开放以后，草编生产企业的竞争越来越激烈。进入21世纪，人们对传统的文化保护意识也越来越强烈。人们对草编、对文化及对自然的保护，将使人们对草编的认识上升到一个新的境地。

在很多国家，尤其是在日本，大街小巷都能够看到人们背着草编包。直到现在，大多数草编织品的价格也不贵，而且十分休闲。虽然现在各种各样的名牌包越来越多，与草编织品形成了鲜明的对比，但是它们各有各的特点。从办公室职员到家庭主妇，甚至到十几岁二十几岁的少女，她们对草编包都有着自己独特的爱好。现在的草编织品中有很多饰品，十分可爱，适用于各种风格，可以搭配各种服饰、首饰，也适合各种场合。随着设计的发展，草编的制品会越来越成为大众的选择。

在尼泊尔，很少有人穿袜子，大多数人喜欢穿凉鞋或拖鞋，一年四季都光脚，除军人、警察等公务人员以外。女孩子们往往在脚趾甲上涂抹鲜艳颜色，再穿上草编的鞋，如凉鞋，把脚部的美充分地展现在人们面前。冬天，尼泊尔男子上身穿着羽绒服，把脑袋裹得非常严实，下面仍是光脚穿一双拖鞋。一般人多穿塑料鞋或草编拖鞋。在非洲，无论是从非洲部落寻找时尚感觉的Prada，或者是时尚的草编凉鞋，还有草编的包，都是时尚的象征。

(二)草编的原料与加工

1. 蒲草编

蒲草也被称为“香蒲”，被归属于香蒲科，为多年生的草本植物，叶子为广线形，排列成两行，夏季开花，雌雄同花，形状像蜡烛。它生长在水里，生长周期为三年，收割季节可以在夏季也可以在秋季，夏季收割的蒲草晾干以后叶片是绿色的，而在秋天收割的蒲草晾干以后叶片是褐色的(见图4-128 、图4-129) 。

蒲包，是用蒲草编织成的，具有滤水和透风的作用。蒲包可以根据大小不同装置各种用品或食物。蒲草经过加工后可用于编织各种鞋，如拖鞋、凉鞋、草鞋等。用其编的草鞋由于蒲草的轻便、柔软，穿起来非常舒适。蒲草还多用于席子、垫子和蒲包的编织，在汉代的时候就已经被运用，只是那时只有贵族才能用得上。

图4-128 蒲草①

图4-129 蒲草②

2. 棕编

棕编是一种工艺品，原材料以棕叶为主。它分为棕叶编和棕草编。做棕叶编，需要将棕叶分成条状来编；而做棕草编，需要将棕叶分成细丝的形状。用棕叶可以编制成像棕叶一样绿色的小动物，如青蛙、蜻蜓、蛇、蚂蚱、螳螂等昆虫，也可以编织成鞋、帽子、垫子、玩具等生活用品。棕编的选材比较精致、耐用，最大的特点就是韧性比较强，有弹性。现在的棕叶编织内容范围不断地扩大，如猴子、孔雀、蝴蝶、金鱼、恐龙等动物都可以用棕叶编织出来。

如今，更多的玩具则用科技产品代替棕叶编织玩具，最常见的材料是塑料。塑料韧性好，颜色又多，而且不会枯萎。很多草编动物的玩具不用铁丝作为骨架，因为棕草的韧性足以支撑。虽然有些棕草编的玩具是空心的，但是不会变形、不会损坏，特别适合儿童玩耍。

3. 乌拉草编

乌拉草(见图4-130)是东北人熟悉的草类，也是东北“三宝”之一，乌拉草多为三棱形，较细，也较坚硬。它因为很坚硬，在制作草鞋、褥子、草垫子时是首选材料。

图4-130 乌拉草

4. 麦草编

麦草(见图4-131)分布十分广泛，而且麦秆资源也极其丰富。整理麦草编材料时应先把麦穗去掉，再将剩下的放在干燥的地方晒干，然后将秆中的芯摘出，为了方便以后编织时使用，还可以将麦草芯按粗细、长短不同进行分类。麦子的种类有很多，如小麦、大麦、黑麦等。在东北，大麦草尤其洁白、柔韧，是很好的编织材料。麦草应用十分广泛，农民用这些材料编织各种用具。在草编里，最为基础和广泛的应用是草帽编，人们可以借助草帽缝制成挎包、杯子的外套、扇子。在以前，草帽是家庭妇女手里的工艺品，自打缝纫机传入中国后，中国人就用它来编织草帽了，在20世纪40年代，甚至还出现了专门的“草帽机”。麦草编织的玩具多种多样，其中小动物最可爱。

图4-131　麦草

5. 玉米皮编

玉米为人们所熟悉，在全国各地都有种植，但在不同的地方，它们的名称不同。在我国北方，人们叫它玉米、苞米、玉米棒子；在我国南方地区，人们叫它玉蜀黍、苞谷。南方的玉米棒短小，韧度差，玉米皮(见图4-132)中的糖分比较多，不适合编织。在我国北方地区，玉米皮柔软坚韧，适合编织，如垫子、帽子、毯子等。在编织的过程中，我们可以根据不同的需要选择不同的玉米皮，春天的玉米皮坚硬、硕大；秋天的玉米皮柔软而轻薄。在选择玉米皮编织时，可以选择晚期成熟的玉米皮，要将它放在干燥和通风的地方保存。这样有利于今后的使用。我们可以将玉米皮编织成单股绳、双股绳或者多股绳。玉米皮不像竹编和其他材料那样坚硬，所以很多地方用模具进行编织。

图4-132　玉米皮

6. 稻草编

人们熟悉的稻草，柔性极好，韧性就差了很多，但是经过加工，如加入麻线或者棉线，就可制作出草垫子。在抗日战争时期，我方前线的战士缺少物资，人们就用稻草加工制出草鞋。草鞋的制作十分简便，先将鞋底打出来，再将鞋的前头用草绳结在一起，最后将鞋后面连着鞋跟打成结就可以了。在古代，我国南方和北方的农家都穿草鞋。但是用稻草制作出来的制品，吸潮性强，容易腐烂，应该注意保持干燥(见图4-133)。

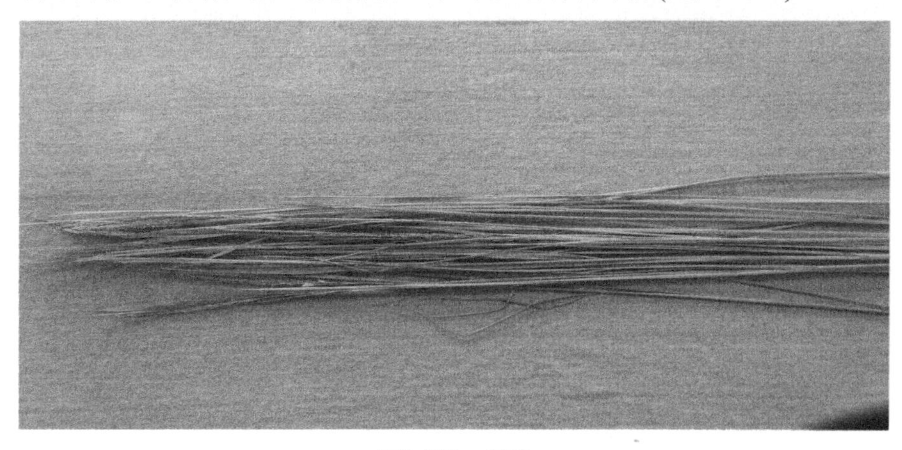

图4-133　稻草

7. 黄草编

黄草(见图4-134)一般为河边的野生草，这种草多生长在温带、热带。它的皮比较硬，叶子比较长，在夏天的时候会开花。黄草的草茎比较坚硬，在编织筐、篮子和垫子类时多使用。人们在收割黄草时不用镰刀，而是用手拔起，在水中清洗后，晾晒、返潮再反复地滚压，再晒干，然后就可以用了。

图4-134　黄草

8. 藤柳编

藤类，一般为植物的藤，如常见的葡萄藤、牵牛藤等。这些藤条材料较有弹性，不易折断，而且防水性又好，所以一般用它编织家具、玩具等。藤编一般可用藤皮、藤条或藤芯。用藤编织最多的东西是凳子和椅子(见图4-135)。其不仅结实耐用，而且美观大方、亲近自然。常见的日用品，如藤席、篮子、盒子、杯子垫等，都是用藤制作的，非常耐用。进行藤编时可以用竹条为架子，用藤条或藤皮围着架子编织，还可以在表面刷漆，这样编出来的东西更美观、更耐用。进行藤编时可以用竹条为架子，用藤条或藤皮围着架子编织，还可以在表面刷漆，这样编出来的东西更美观、更耐用。还可用藤编各种小玩具，如动物的模型、小笼子，儿童捉蛐蛐用的笼子，直到现在，都被人们所使用。

柳编一般都用类似苹果树、柳树的枝条来编织，取材方便，在我国北方各地盛行。我国各地的柳树种类约200种，如垂柳、沙柳、红柳、旱柳等，一般在九月份采割柳条，因为这时柳条水分充足，皮松，更易拨开。所以，可直接用柳条编织，还可用拨开后的白色柳芯编织。柳芯常用来玩耍，也可编织，还可以在地上写字。现在科技进步，部分柳编制品已被取代，如安全帽和行李箱，这些曾经给人带来便利的东西，如今被各种新型的材料所代替，但柳编制品曾经的盛行也让各地的人们对它有着独特的情感。

9. 棕编

棕编是以棕榈树叶来编织的工艺品。蓑衣(见图4-136)是我国南方地区农民制作的雨具，多以棕叶、棕丝制成。棕编的材料不吸潮，在选择时，大多选择精美、适用，可以负重的材料。如鞋、帽、扇子、垫子这样的生活用品，棕编较多。我国四川、湖南等地是棕编工艺品的主要产地。

图4-135　《圆凳》/编织作品

图4-136　《蓑衣》/编织作品

10. 麻编

麻编(见图4-137)主要以黄麻、亚麻、剑麻等植物的叶子或者表皮为原料。麻编具有悠久的历史，在西周时期，就有很多人用麻来编织鞋、绳子或者帽子及其他生活用品(见图4-138)。现在科技进步，很多地方用麻的纤维做成衣服，穿着舒适、大方得体。还可以织成各种各样的麻布，上面印有一些独特的图案，十分舒适、耐潮、吸汗，麻布做的衣服若在夏天穿，十分凉爽。现在棉麻制品越来越受到人们的喜爱，更有一些远销海外。

图4-137 麻编

图4-138 《花篮》/麻编作品

11. 竹编

我国盛产竹子，竹子产地集中在浙江、四川、广东、广西、海南等地。其品种繁多，有毛竹、刚竹、紫竹、淡竹等。选取竹编材料要经过以下几个部分：首先是削竹子，要把有结的地方削平。接着用刀将竹子顺着中间的棱分为两份。然后是将竹条加工成细细的竹篾，这需要良好的刀功，否则会削不匀称，影响之后的编织。现在，人们还研制出了制作竹篾的机器，方便、好用。其次是刮蔑，一边刮，一边转动，人们常说的“打磨”就是这个意思，用砂纸打磨光滑，易于编织。最后一步则是编织，可以编织成平面的，如垫子、席子之类，还可编织成立体的，如筐、篮子、包、笼子等。

竹篮，是常见的生活用品，花篮、吊篮、菜篮子，还有用彩色竹篾编织的篮子。用竹子材料编织的装食物的篮子，工艺十分讲究，里面分成几层，可分别装食品。还有遮阳避雨的斗笠，都是用竹子做的，十分便利。竹编工艺品中属竹席最常见，在夏天，尤其在炎热的南方，竹席(见图4-139)成为百姓喜爱的生活必需品。竹席由细细的竹篾编织而成，还可加入棉线和麻。有的还可以在竹席上面染上不同的图案。竹编簸箕可淘米洗菜、加工谷物等，竹编的笼子可饲养动物。背篓在中国一些不发达的地区是人们的必需品，如山区的邮递员、上山采摘的人们都需要背篓。竹编家具还有床、桌子、椅子、门帘、橱柜、书架等。虽然科技不断进步、材料不断更新，但是竹编在农家生活中仍有着不可代替的作用。

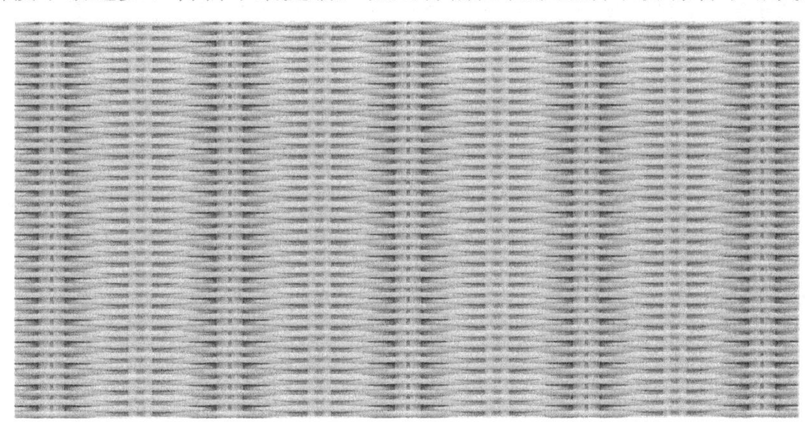

图4-139 竹席

(三)教学案例应用

草编的编织方法如下。

1. 编辫法

编辫法是常见的编织方法，由于挑压方法和股数的不同，我们可以将它们分成三股辫、四股辫、五股辫、七股辫和宽编等。

如三股辫，我们可以将三根材料排成“山”字形，左边一股压住中间一股，右边一股压住左边一股，中间一股再压右边一股，这样反复挑压，就形成了三股辫。而四股辫和五股辫也是如此，反复挑压是最基本的编织方法(见图4-140~图4-145)。

图4-140　编辫法①

图4-141　编辫法②

图4-142　编辫法③

图4-143　编辫法④

图4-144　编辫法⑤

图4-145　编辫法⑥

2. 缠绕法

缠绕法就是通过缠绕的方式将材料做成一块或者整个成品的方法，其常见的是缠芯条。用这种方法编织时，应选择不易损坏、不易腐烂变质的材料平整地放在一起，用右手拿住芯条，左手拿住材料绕着芯条缠绕，根据产品不同，可以缠松些，可以缠紧些，也可以隔一些距离缠绕。它更适合编织各种圆形的垫子和容器之类的物品。

3. 编结法

编结法是通过打结的方法编织成不同纹样的编织方法，可以单股单股地打结，也可以多股多股地打结，常见的结扣有单结、多结、百结和正反结。这个过程多次反复运用正反结编织出动物的身体，如用单结编织出足部，最终形成成品。

4. 挑压法

很多种编织方法其实都是从挑压法而来的，它是基础的，也是简单的和普遍应用的，用这种方法可以编织出各种草席、草、草帽、垫子、扇子等。挑压的方法就是先使材料横、竖或者斜着放，然后运用一个压着一个的方法，错落有序地编织出用品的方法。由于挑压的材料根数不同，其方法也不同，所以包括了压一挑一、压一挑二、压一挑三、压二挑二等十多种编织挑压方法。

5. 起心法

起心法一般用于草帽、扇子的起头，它要使材料围绕铁丝编织，从中间穿过，穿过后，将铁丝拧成结，再继续缠绕，就形成了起头的形状(见图4-146~图4-156)。

图4-146　起心法编织步骤①

图4-147　起心法编织步骤②

图4-148　起心法编织步骤③

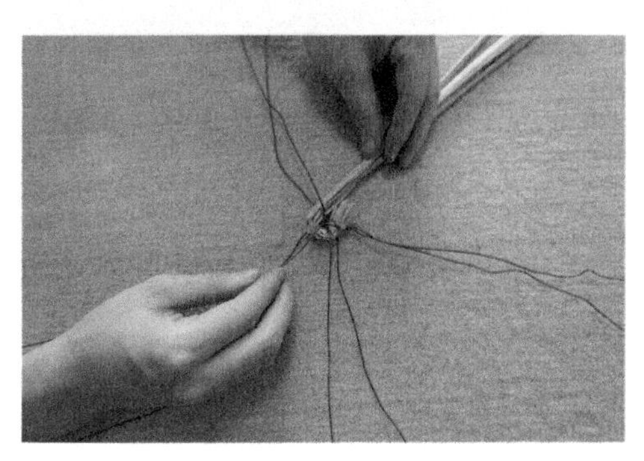

图4-149　起心法编织步骤④

图4-150　起心法编织步骤⑤

图4-151　起心法编织步骤⑥

图4-152　起心法编织步骤⑦

图4-153　起心法编织步骤⑧

图4-154　起心法编织步骤⑨

图4-155　起心法编织步骤⑩

图4-156 起心法编织步骤⑪

本章小结

本章主要介绍了绳编、苇艺与草编的材料与制作过程，重点介绍了中国结的历史与工艺、中国结的材料、苇艺的起源与工艺、草编的历史与工艺。在此基础上，又对绳编、苇艺的工具材料与编织技法进行了介绍。

思考题

1. 运用盘长结的技法，创作一幅有寓意的盘长结作品，送给你的亲人、同学或朋友。
2. 制作两幅苇艺作品。

第五章　综合材料制作

学习目标

- 科技小发明的质量标准
- 废旧物的工具材料
- 废旧物的基本制作方法
- 幼儿园场景设计的原则与分类

重点与难点

- 科技小制作的基本方法
- 常用教具的分类与制作
- 幼儿园玩具的制作方法

第一节　科技小制作

一、科技小制作介绍

优秀的小发明应当具备新颖性、先进性、实用性和科学性。这“四性”就是小发明的质量标准。

(一)新颖性——小发明的实质

新颖性指的是在提出这项小发明之前，或是在申请专利之前，没有出现过同样功能、构思、技术的东西，或同样的制作方法，而且这项小发明并没有以任何形式向公众公开过。如1879年美国发明家爱迪生发明了白炽灯，从此，在黑夜里，人们可以不再使用蜡烛、油灯了。白炽灯就具有新颖性，是一项发明。

1. 如何判断小发明的新颖性

(1) 以时间为标准来判断。在时间上，只要发明者在提出这项发明之前，没有出现过功能、构思、制作、技术相同的作品或制作方法，这项发明就具备了新颖性。1642年，当时只有19岁的法国数学家帕斯卡，看到当税务官的父亲计算税务很辛苦，便下决心研制计算的机器。后来他发明了利用齿轮转动的原理制成的计算器，在当时这台原始的计算器便是非常新颖的发明。

(2) 以公开的方式来判断。公开的方式是指尚未在国内或国外的生产、生活实践中公开使用过，尚未在商店中作为商品销售过；没有通过国内外的报纸、杂志、书籍、广播、电视、电影公开过，没有在展览会上以公开或内展的方式展出过；没有任何人申请专利，并已被批准授予专利权而公开了的技术。凡是在这些公开方式上没有公开过的都是新颖的发明。

19世纪40年代，美国一所医学院的学生莫顿在一个偶然的机会，听到化学教授杰克逊说，有一次在做化学实验时，不慎吸入了一大口氯气，为了解毒，他当即又吸入了一口乙醚，不料，他感到浑身轻松，不一会儿便失去了知觉。听了杰克逊的叙述，莫顿开始深思。他大胆地设想，能否用乙醚来做一种理想的麻醉剂呢？于是，他便动手在动物身上做试验，又在自己身上试验，后来试验证明了乙醚是一种理想的麻醉剂。1849年10月的一天，世界上第一次使用乙醚进行麻醉外科手术的公开表演成功了。从此，这位医学院二年级的学生出名了。当莫顿以乙醚麻醉剂发明者的身份向美国政府申请专利时，他的老师维尔斯和曾经启发他的化学教授杰克逊都来争夺专利权。但是，从公开的方式看，维尔斯只是用笑气(一氧化二氮)成功地做过拔牙手术。

(3) 以“公众”是否知道来判断。一项小发明要具有新颖性，必须是以前还没有向“公众”公开过的。“公众”是指哪些人呢？“公众”是指“被允许知道”的一定范围以外的人。无论这些人是多还是少，它却已失去了小发明的新颖性。这里说的“被允许知道的一定范围”，是指小发明比赛的评审人员和申请专利过程中必须经手的工作人员等。只要这项发明作品仅仅局限于一定范围以内的人知道，不论其人数多少，该项发明仍被认为没有失去新颖性。

(4) 从“体性”来判断。判断一项发明是否具有新颖性，应以现在的一项发明的“个体”同过去已有的同类东西的“个体”相比，而不能将过去已有的许多“个体”拼凑起来相比，即不能用过去的众多个“个体”同现在的一个“个体”相比。

如过去护士切割安瓿瓶(可熔封的硬质玻璃容器，用以盛装注射用药或注射用水)要用一个工具“砂轮”，开启安瓿瓶又要用另一个工具“瓶开”。而护士手中三用器的发明者在开启安瓿瓶时遇到了困难，他想到护士每天要开很多瓶盖，很不方便，于是便把砂轮夹在木柄里，作为切割安瓿瓶用，再将开启药瓶、输液的三种小工具集中在一个手柄上，发明了构思新颖的“护士三用开瓶器”。这件工具给护士工作带来了很大的方便。这项发明将几个“个体”组合在一起，形成一个新的项目、一个新的“个体”，产生了新的功能，这样，它就具备了新颖性。

(5) 从“主体”来判断。看这项小发明的主体部分同过去已有的东西进行比较，是不是具有新的功能，是不是有新的使用方法。如果它们只在外形上做了些改变，而主体结构和功能同过去已有的东西相比基本相同，就称不上具有新颖性。

如改变墨汁的配方成分，在普通墨汁中加入一定量的洗洁精和洗发精，不仅保持墨汁原有的特性，并且适用于在有油蜡的纸上与塑料制品和陶瓷制品上书写。这使其“主体”功能发生了变化，也具有新颖性。再如，假使只是改变铅笔的长度，这种外形变化没有引起主体功能的变化，它就不具有新颖性。

新颖性是小发明的实质，是衡量小发明质量的决定性标准。只有先确认一个项目是否具有新颖性，才能确定它是不是一项小发明。

2. 如何使小发明具有新颖性

通常，有以下途径可以使小发明具有新颖性。

(1) 发明是为了满足人们生活和生产的需要，社会需要什么新用品，就应该发明什么，这样的发明就有可能具有新颖性。如西瓜是盛夏消暑的佳品，人们往往凭经验和听声音来判断它的生熟程度，如果你能发明一种结构独特、使用简便、价廉物美的“西瓜测熟计”，这样的发明就具有新颖性。

(2) 大多数发明是对已有发明进行完善所作出的一种“补充发明”，即对某项已有发明进行了有成效的改造工作，这样的发明也具有新颖性。如我国第一号实用新型专利“杯式感冒理疗器”就是发明者针对法国已有发明“伤风治疗速效器”进行简化、改进制造出的一种结构简单、性能良好、价格低廉的新型感冒理疗器具。这样的改进发明也是新颖的。

(3) 使老产品扩大功能，变成别的领域里的新产品。这就要求从某种产品的功能用途上动脑筋，能有所发现、有所发明，如“杀虫电风扇”的发明。在电风扇领域里，它的构造与普通台扇相同，无新颖之处，可在杀虫领域里，由于它是新式的杀虫器具，这就有了新颖性。

(4) 在没有任何已有发明的借鉴下，完全凭个人的知识和经验，运用各种发明技法进行独创，由此做出的首创发明就具有新颖性。如我国杰出的女发明家周仪经过多年的独立钻研，发明了世界上第一把直接量度圆弧长度的工具——弧长仪。该发明突破了“曲线不可直接量度”的禁区，是一项首创新发明。

(二)先进性——小发明的技术要求

小发明的先进性是指一项小发明在和用途、性能类似的东西相比较，技术上有所进步，解决了以前没有解决的难题；或者，在制作上使用了新的方法、工艺，提高了性能，这就是具备了先进性。如日本初三学生三琢幸彦发明的恒温电烙铁。通常，用以焊接电子管器件的电烙铁，由于温度逐渐升高，用它来焊晶体管有可能烧坏管子。而三琢幸彦发明的恒温电烙铁，虽然在用途上、性能上与通常的电烙铁类似，但是它在恒温上却先进得多。它的做法也很简单，只是在普通电烙铁的前端安装上一个双金属片温度调节装置，这样的作品就具有先进性。

衡量小发明的先进性，主要采取比较的方法。可将小发明与用途相同、性能类似的产品进行比较，发现小发明在技术上是否先进。如优秀小发明“新型胶水瓶”，就是胶水瓶利用直角三角形斜边大于直角边的原理，改变原有胶水瓶不合理的结构，从而在使用时可以用刷子蘸胶水，直到将胶水用干净为止，这就克服了普通胶水瓶胶水快用完时，小刷蘸不到胶水导致浪费的问题。所以，这种“新型胶水瓶”比起其他胶水瓶用起来就先进了许多。

(三)实用性——小发明的社会效益

需要是发明之本。搞小发明是为了满足社会和人们的各种需要，因此，实用性也是小发明一条重要的质量标准。有些小发明，虽然结构新颖，技术也比较先进，但是不实用，制作上难度很大，或者不能投入生产，或者即使生产出来，使用起来却极为不便，这样的小发明就不具备实用性。因此，在搞一项小发明时，一定要认真想一想：这项小发明有没有实用性。

实用性是指这项小发明能制成产品供人们使用，并且使用方便，价值较大。

爱迪生在发明电灯的过程中，详细分析了弧光灯等各类灯的全部资料。他根据“不管哪种发明，必须首先考虑实用价值，既要适合大众需要，又要经济实惠”的原则，认为：白炽电灯光度虽弱，但比较经济，只在玻璃泡里装上一小段耐热材料，电流将它烧到白炽化时便会发光，这是一种理想的灯泡。但是，关键是必须为白炽灯找到一种理想的耐热材料。为此，他研究了煤气灯的全部历史，分门别类地试验了1600种耐热材料、6000余种植物纤维，试验一次一次地失败，但他不气馁，最后发明了经济实用的电灯。

衡量小发明是否具有实用性，首先要看这项小发明是不是可以做成实物。任何一项小发明不能只有想法、构思，画出几张设计图纸，制作了象征性的模型，而必须做成实物。因为只有实物，才可能经过检验，证明这些想法、设计是合理的、可行的，证明确实能够使用。任何一项小发明只有经得起实践的检验，才能说具有实用性。有些小发明虽然构思新颖，但是在实施、制作的时候，不能达到预期的效果，显示不出它的使用价值。

如有几个同学看到住在高层的住户往楼上运东西时，十分不便，于是有了发明“阳台小吊车”的设想，将一些笨重的东西吊到阳台上来。他们只用三合板做了高层楼房的小模型，并将一个玩具电动机、木制吊车杆用螺丝夹在用三合板做成的“阳台立墙”上。因为没有做成实物，也就无法通过实际应用来检验。他们设计这项作品时，也没有考虑到阳台立墙的承受力。如果这种“阳台小吊车”真正做成实物交付使用，很可能会由于多次提升重物，使阳台立墙的受力面发生断裂、倒塌。所以，这个只限于模型的“阳台小吊车”是没有实用性的。

其次，要看小发明能不能解决生产、工作、生活中的实际问题，产生良好的社会效益。

如平时人们穿拖鞋只能朝一个方向穿进去，脱拖鞋时，把拖鞋放倒了，那么到穿的时候还需将它摆正才能穿。日本的退休妇女横山康子想到，要是能发明一种两面都能穿的拖鞋该多好。不管顺放倒放，只要脚一下地就能很快地穿上。她经常思考这个问题，终于想出了一个办法，发明了两面都可穿的拖鞋。她的发明很简单，只是将拖鞋的十字搭攀移到中央就成功了。这一项发明很快得到了日本厂商的注意，制造出了新式的拖鞋供应市场。这种发明的实用性就很强。

总之，在衡量一项小发明是不是能解决实际问题的时候，应考虑以下几个方面。

(1) 是不是使人们原来使用过的工具、用具增加了新的功能。

(2) 是不是使人省力、省时间，节约原材料。

(3) 这项小发明制作和生产起来是不是简单易行。

(4) 使用方法是不是简便。

(5) 是不是容易推广普及。

从这五个方面衡量，如果小发明是符合的，那么，就可以认为这项小发明具有实用性。

应该明确：实用性体现着小发明的社会效益。判断一项小发明是不是实用，真正的、最高的权威不是发明者本人，而是使用这项发明成果的人。

(四)科学性——小发明的决定因素

科学性是指小发明的性能、原理、构造、方法等要有科学依据，不违背科学原理，没有科学性错误，不损害人们、社会的整体利益、长远利益。如曾经有人设计过永动机，这种机器不消耗任何能量和燃料，能源源不断地对外做功，但是却无法实现。

在这个永动机的设计方案中，轮子中央有一个转动轴，轮子边缘安装着12个可活动的短杆，每个短杆上的一端装有一个铁球。方案设计者认为，右边的球比左边的球离轴远一些，因此，右边的球产生的转动力矩要比左边的球产生的转动力矩大。这样，轮子就会永无休止地沿着箭头所指的方向转动下去，并且带动机器转动。你认为它真会那样吗？

永动机的设计违反了能量转换和守恒定律，因此，它是不科学的，也是不会成功的。

判断一项小发明是否有科学性是一项比较复杂的工作，一般要经过认真的实验检查、分析、鉴定。这些工作除了有些项目发明者可以自己做以外，有不少项目需要有关科研单位帮助解决，才能对它的科学性作出判断。

如“多功能生态灯具”是一项引人注目的小发明。它的灯罩是一个密封的玻璃球，里面装有水，小热带鱼在水草丛中游来游去，柔和的灯光透过水和玻璃球灯罩射出来，灯具下还附加时间显示、定时喷香、放出电子音乐、收听广播和兼做文具盒等多种功能。这种设计别具一格，是一种新颖、实用的灯具。这个密封的灯罩里不透空气，能够养鱼，鱼能存活好几个月，既不用换水，也不用喂食，草总是那样绿，水总是那样清。这是什么原因呢？有没有科学道理呢？人们通过查新检索，证明它是前所未有的。经过对水的配方实验及较长时间的使用验证，证明它确实能在特定造型的密封容器的小环境中保持鱼、水、草、空气的平衡。因此，这种“多功能生态灯具”是符合科学性的。

在鉴定一项小发明的科学性时，不仅要考虑作品本身，还要考虑其他因素，如环境因素、安全因素等。有一位同学发明了一种无泪蜡烛，是用几层塑料薄膜把普通蜡烛包起来，使蜡烛亮度增大，不流泪，耐燃。但是，这种蜡烛在燃烧过程中，周围的塑料薄膜也跟着燃烧，塑料燃烧时放出有毒气体，造成了环境污染，危害人们的健康。所以，这项小发明不具有科学性。因此，在创造发明过程中，一定要按照一定的科学道理进行构思、设计与制作，不能盲目行事。

优秀的小发明应具备新颖性、先进性、实用性和科学性，这是小发明的质量标准。这“四性”是互相联系、相辅相成的，没有新颖性就不能称为创造发明；有了新颖性，但不先进，不可能促进科学技术的进步，就没有实际意义；没有实用性，不会被人们承认，缺乏使用价值，起不到提高经济效益和社会效益的作用；没有科学性，在科学原理上站不住脚，或者发明不了，或者即使发明了也没有实用价值，也就没有发明的必要。因此，鉴定一项小发明要以“四性”综合起来进行分析，应按照“四性”的要求去选题、去构思、去设计、去制作。

二、科技小制作创作程序

任何一个小发明的创作都有一个循序渐进的创作程序。即观察→联想→设计→绘图→制作→实验→说明。这个程序交叉重复、逐步提高，就是获得小发明作品的全过程。

(一)观察

观察是小发明的入门向导。闻名世界的生物学家达尔文说过："我既没有突出的理解力，也没有过人的机智，只是觉察那些稍纵即逝的事物并对它进行精细观察的能力，我可能在众人之上。"要想搞小发明作品，首先要注重观察，善于观察周围的事物，提高自己的观察能力。

发明需要观察。法国园艺师约瑟夫•莫尼埃发明钢筋混凝土就是从观察中得到启示的。我们知道，水泥同沙子、石头混合，制作混凝土，就成了耐高压的人造石头，是很好的建筑材料。但是，它也有一个缺点，就是它的抗拉强度比较低，影响了建筑工程上的使用。莫尼埃做园艺，整天同花坛打交道，那些用水泥制作的花坛很不结实，常常会被碰坏。有一天，他在观察植物根系的发育情况时，看到植物根系在松软的土壤里，相互交叉成网状的结构。他发现，虽然土壤是松散的，但交叉成网状的植物根系将土壤抱成了一团。莫尼埃从这个现象中得到了启示，他想，如果在制作混凝土时先在里面加上一些网状结构的铁丝，就有可能使建筑的花坛变得结实。果然，这个方法很有效。他先后用这种方法建成花坛、蓄水池和第一座钢筋混凝土大桥。

小发明也要观察。例如，获得全国第一届青少年科技创造发明比赛一等奖的"方便香皂盒"，其发明者就是通过观察一般香皂盒的结构和特征，发现了它的不足：由于香皂盒里潮湿，常常将香皂和盒子粘住，不易取出来。然后，他巧妙地运用了杠杆原理进行构思、设计、制作。当人们打开香皂盒时，杠杆使盒里的香皂立起来，使用起来很方便。可见，观察是创造发明的基础，任何创造发明都来自对事物的认真观察。

事实上，每一个人每一天都在观察，但是有些人能从观察中发现发明课题，而有些人却不会。为什么呢？法国细菌学家巴斯德说："在观察的领域中，机遇只偏爱那种有准备的头脑。"

怎样提高自己的观察能力呢？能做到善于观察，要达成如下"四要"。

1. 观察要有目的

观察时要弄清楚被观察事物的特性、特点和原理，这样才能发现事物最本质的特征，才有可能进一步发现问题、提出问题，进而提出"怎么办"，有时甚至针对事物的某一缺点进行专门观察，分析原因，研究解决的办法。

2. 观察要仔细

要观察事物的方方面面，善于发现某种事物现象的某些微小变化，不放弃任何一点值得探求的线索，这样才会发现原来认为很熟悉的事物的一些新特征，才能发现原来的问题，产生新的构思。

3. 观察要深入

观察时不仅要用“放大镜”看问题，还要用“显微镜”看问题，要从外部深入到内部去观察，这样才能发现常见事物的内部特征、事物的本质，启发灵感，产生创造发明的新课题。

4. 观察时要有比较

通过深入的观察，比较两种事物之间的不同特征和它们之间的联系，发现其中的不同点和相同点，并且通过比较、想象，构思出新的事物或新的方法。

由此可知，要想步入学科小发明的大门，首先要经过有目的地、仔细地、深入地观察、思考，经过思考，广泛地观察比较，提出行得通的、办得到的发明课题。

(二)联想

联想是从一事物想到另一事物的心理过程。从当前的事物回忆起有关的另一事物，或从想起的一件事物又想到另一事物，都是联想。联想能力就是旧观念同现实结合，进而产生新观念的能力。联想能力强的人容易捕捉发明课题，形成新的构思。

联想可以使大家受到更多信息的启示，激发灵感，加速小发明的进程。要想做到善于联想，就要有广博的知识、丰富的阅历，并勇于突破传统思想和习惯力量的束缚。

(三)设计

学生针对某一事物的优缺点，提出了大量的问题和产生了诸多联想，由于受知识的限制，其中有的是可能达到的想象，有的是创造性的积极幻想，但也有的是毫无把握的空想。要获得“小发明”的课题，还必须从联想中进行筛选，淘汰那些不切合实际或暂时达不到的想法。

通过筛选，有了基本上可行的课题，就可以进行初步设计。在对某一课题的各种设计中，又会出现简单问题复杂化和复杂问题简单化的情况，既有创造性的、先进性的，也有没有创造性的、过时的；既有有使用价值的，也有没有使用价值的。这时就需要辅导老师帮助他们进行再次筛选，寻找确实属小发明的、可行的设计方案。

(四)绘图

对于中小学生来说，可行性设计方案往往只是一个想象的粗浅轮廓。无论想象物多么简单，都必须绘出加工图纸(根据不同年龄、年级提出不同的要求)。这是制作小发明前的必要步骤。同时，这也有利于训练绘图能力，培养同学们科学的、严谨的、细致的工作作风。

(五)制作

有了加工图纸，准备好原材料和各种制作工具，然后按图纸进行制作。在制作中，如果发现图纸有问题，可以修改图纸或者重绘。当然，在制作中还可能会遇到各种意想不到的困难，这需要请辅导老师和家长协助排除。

(六)实验

小发明作品制作后，要进行实验。在实验中证实或修订自己设计的方案。小发明作品是要不断地改进的，需要多次地观察、联想，反复地设计、绘图，进行再制作、再实验。

发明虽小，创作艰难。哪怕是一件极其简单的小发明作品，它的创作都不是一蹴而就的，没有细心观察、善于联想，就不会有闪光的发现；没有绘图制作，反复实验改进，也不会有成功的作品。在“观察→联想→设计→绘图→制作→实验→说明”的整个创作过程中，各个环节都不可忽视。只有把握住交叉反复的各个环节，才能创造出高水平的小发明。

(七)说明

发明作品完成后，公开时，要写出说明书，以便推广使用。说明书的内容一般包含功能、结构、器材、制作、操作、原理等几个方面。有些发明作品，一看示意图就明白的，就可以写得简单一些，不用面面俱到。

三、科技小制作示例

(一)DIY玩具科技小制作——风力小车

这项科技小制作为益智拼装电动玩具车动手动脑模型(援引自添翼模型产品设计宗旨)，如图5-1所示。

科普拼接玩具是注入了许多知识素材的一种玩具，适合处于心理发育关键阶段的青少年，这可以使他们在好奇心的驱使下拼接各种电子机械结构，在玩的过程中潜移默化地增长想象力和实践能力，对他们的处事能力将产生深远的影响。动手搭建一个模型是一个空间想象的过程，框架构建、运转过程、逻辑关系等都会不断地在大脑内以具象形象的形式展现，这样可以锻炼他们的想象力。

想象力是天才区别于庸才的重要指标，也是人脑三大基本能力中最影响创造力的一个。正如前人所说“成功=99%的努力+1%的灵感”，而成功与否往往取决于1%的灵感，灵感取决于你是不是有足够的想象力(联想力)。

青少年学习知识主要源于书本，而有的知识却只能源于实践，实物操作过程中所蕴含的知识技能比纯学术知识更有用，因为实践过程有助于形成科学的解决问题的思路、理性的思维方式。

所以，通过实物操作培养实践能力，可以让青少年从一个纯粹的学习者变成一个精明实干的有用之才(见图5-2~图5-10)。

图5-1 《风力小车》电动玩具①

图5-2 《风力小车》电动玩具②

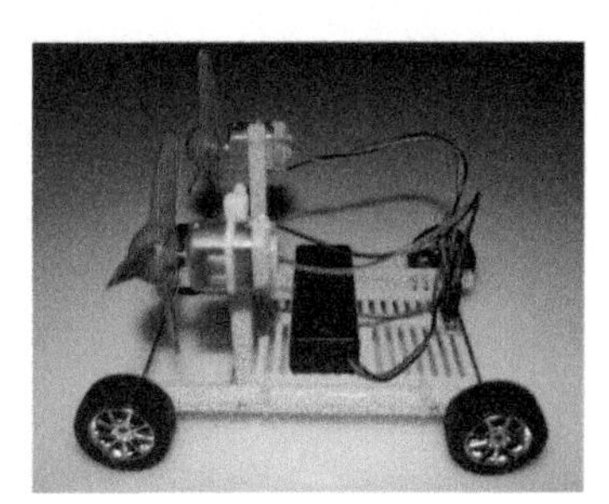

图5-3 《风力小车》电动玩具③

图5-4 《风力小车》电动玩具④

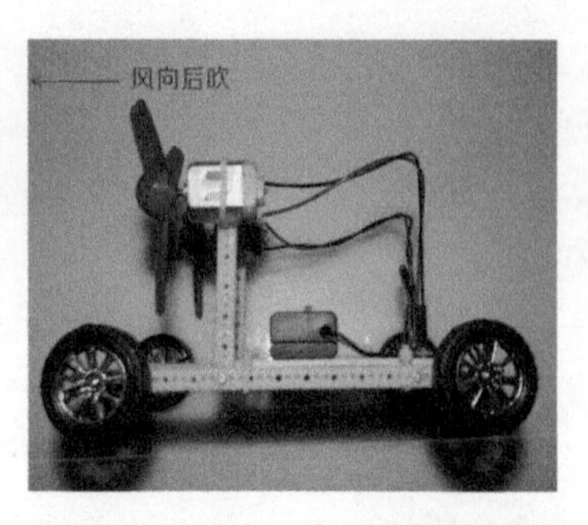

图5-5 《风力小车》电动玩具⑤

图5-6 拼装电动玩具①

图5-7 拼装电动玩具②

图5-8 拼装电动玩具③

图5-9 拼装电动玩具④

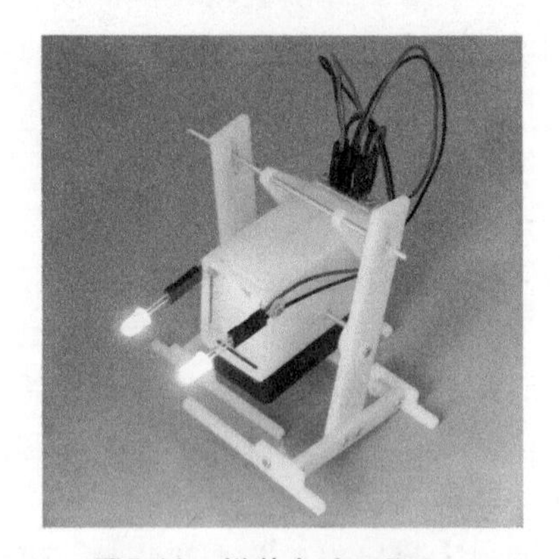

图5-10 拼装电动玩具⑤

1. 双桨风力小车拼装说明

课题介绍：风力小车采用两组三叶螺旋桨鼓风推动小车，速度约2米/秒，接线全部采用插接方式，方便接线，可以反接电源线，改变风向。

风力小车是添翼模型出品的一款结构非常漂亮的小车，其主要原理是用螺旋桨叶片将电机的扭力转换成前进的空气推力，推动小车行驶。这不仅能使学生学习并联电路的连接，还能使他们体会飞机飞行的空气推力如何推动小车行驶。学习并联电路，体会飞机飞行的空气动力学原理，很适合锻炼学生的动手能力，同时激发学生的思考和想象力。这项小制作非常适合校园科普活动和家庭亲子活动(见图5-11~图5-14)。

图5-11 风力小车包装①

图5-12 风力小车包装②

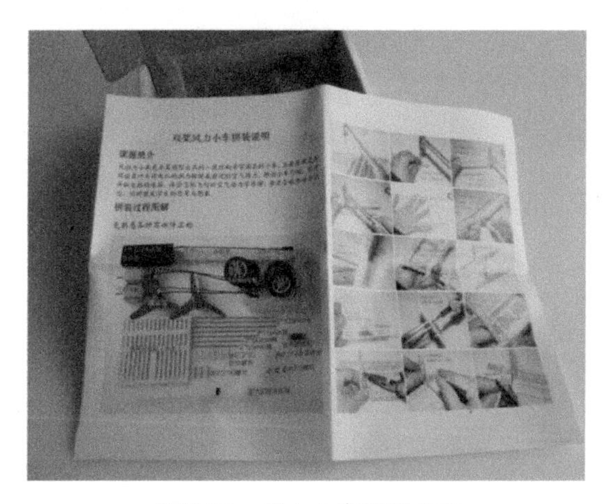

图5-13 风力小车说明书①

图5-14 风力小车说明书②

2. 拼接过程图解

先熟悉各种零部件的名称：两节七号电池盒带开关、支架条、L支架条、130电机、螺旋桨、34mm车轮、通用安装板(半张)、2×100mm轴、2×75mm轴、2×60mm轴、2×55mm轴、m2.3×10自攻螺丝、m2.5×10螺丝、杜邦接线座、m2.3×7自攻螺丝、m2.5螺母、3×150尼龙扎带(见图5-15)。

3. 拼接过程的方法

(1) 在孔较少的一面，左起第十个孔敲入75mm轴。

(2) 从右起第十个孔，也敲入75mm轴。

(3) 将另一支支架条放入对应的位置，应对应好两根75mm轴。注意，它们都是从孔少的一面敲入，敲的时候左右轮流敲。

(4) 从两根轴内侧的第一个通孔，安装m2.3×10自攻螺丝。

(5) 不用拧到底，稍微露头即可。

(6) 对准L形支架条相对应的通孔上紧螺丝。应注意，孔多的一面向外。

(7) 孔少的一面向内。

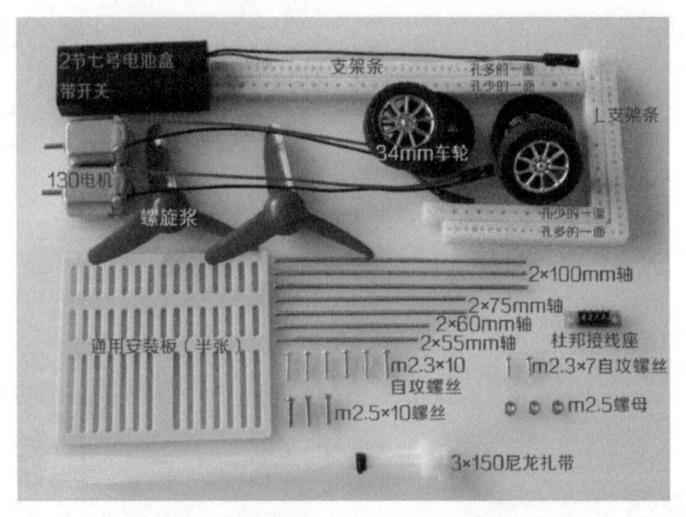

图5-15　《风力小车》电动玩具各种零部件

(8) 安装杜邦接线座，用m25×10螺丝和螺母。这一排五个插针是相互接通的。

(9) 不要过分拧紧，否则易折弯安装板。

(10) 用尼龙扎带绑定安装板。

(11) 扎带齿面朝下，尾端插入第一个通孔。

(12) 用钳子拽到底(见图5-16)。

(13) 从向下数第三个通孔引出。

(14) 用钳子拽紧。

(15) 插入锁扣扎紧。

(16) 此孔上入m23×7自攻螺丝(螺丝穿过安装板)。

(17) 两个电机的插线方法是一样的，电源线的插法要根据风向确定。

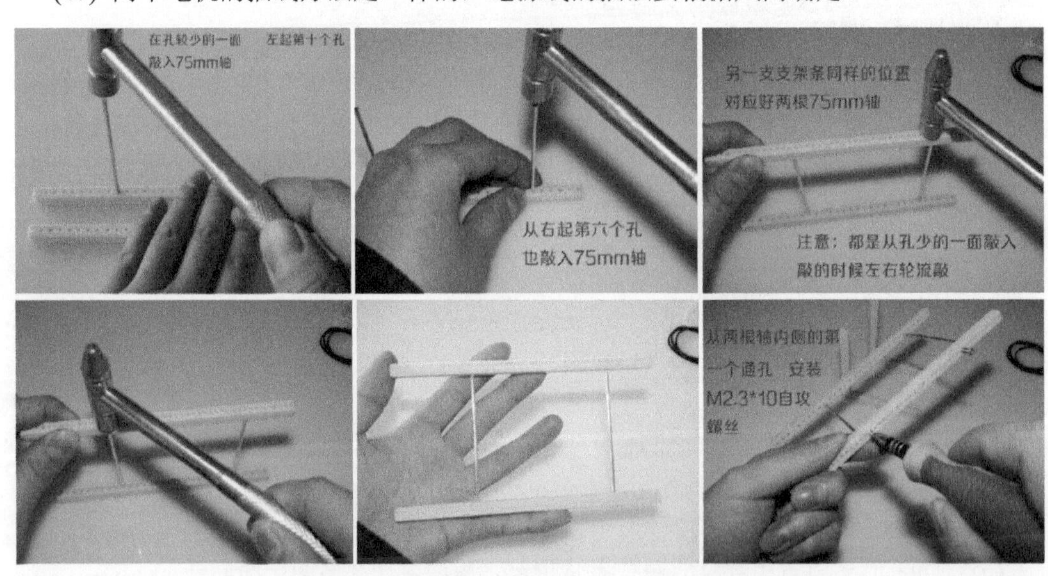

图5-16　《风力小车》电动玩具拼接过程①

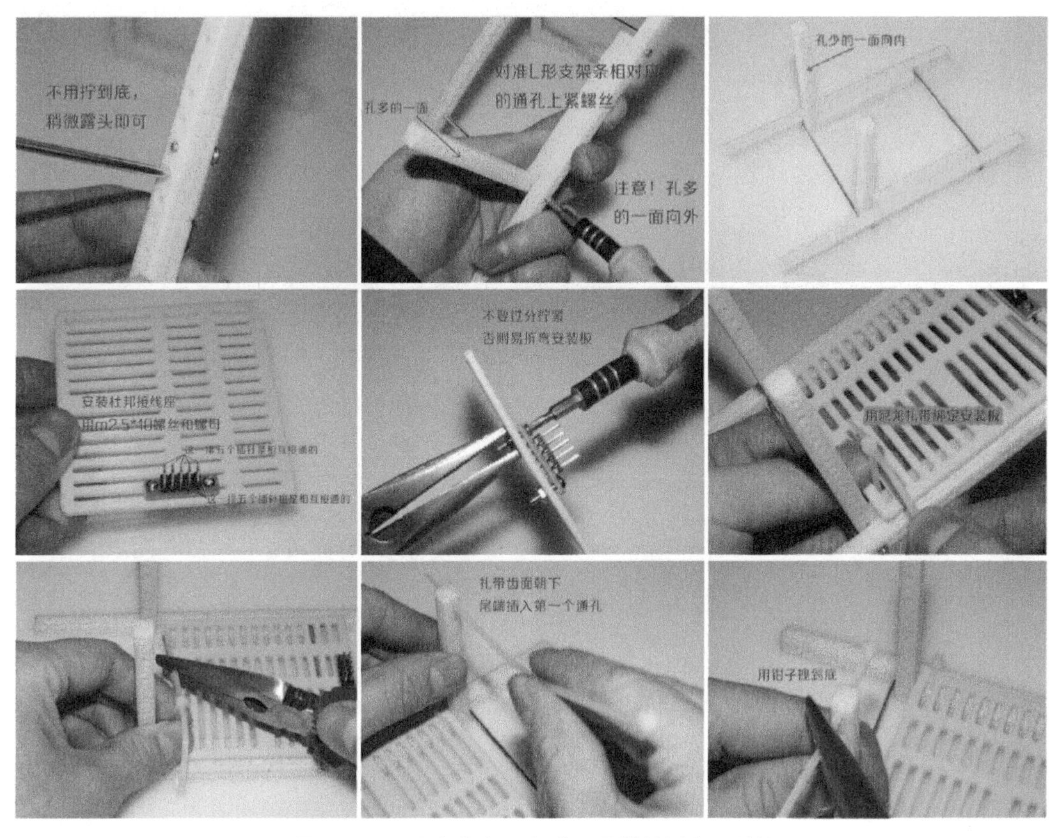

图5-16 《风力小车》电动玩具拼接过程①(续)

(18) 用小锤把2×100mm车轴敲入车轮孔。
(19) 左轮子上面垫上纸片，用小锤敲击轮子。
(20) 风向后吹(见图5-17)。

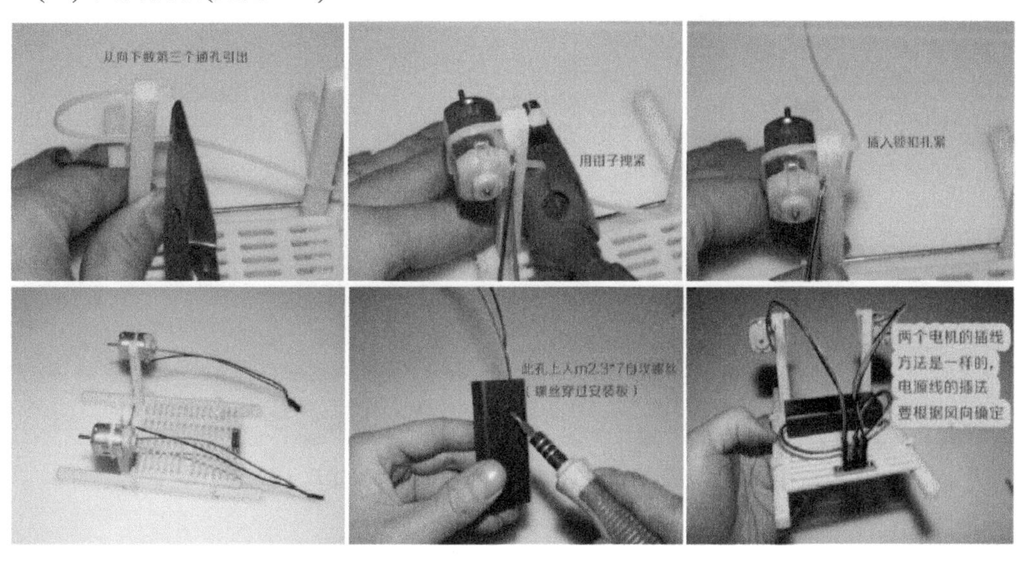

图5-17 《风力小车》电动玩具拼接过程②

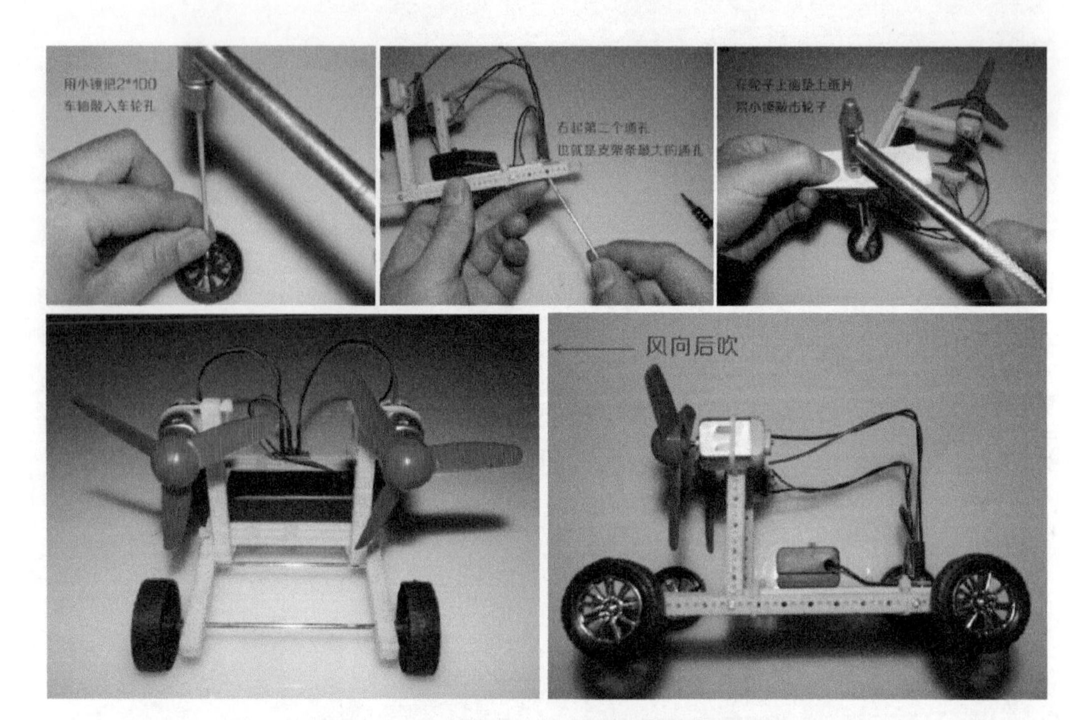

图5-17 《风力小车》电动玩具拼接过程②(续)

最后效果如图5-1所示。

4. 设计模型

完成拼接过程后，也就熟悉了其常用零部件，这样便可以单独买零部件自己设计模型了(见图5-18)。

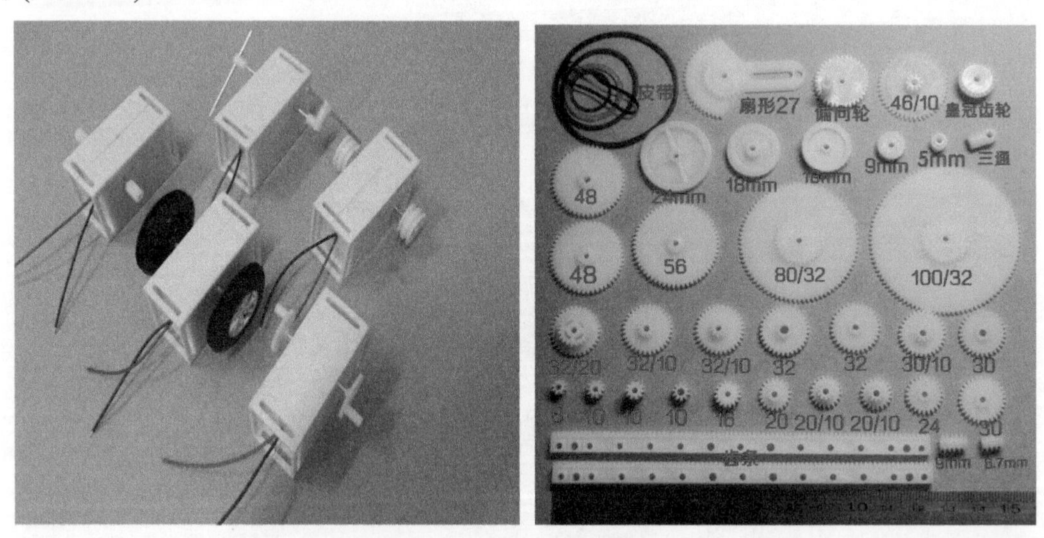

图5-18 《风力小车》电动玩具所需零件、工具、材料

图5-18 《风力小车》电动玩具所需零件、工具、材料(续)

(二)手工科技小制作——装在瓶子里的春天

这是一种观察植物是如何生长的小盆栽，还可以装饰房间和环境。做这类科技小制作，也可以选种一些生长周期短的植物，如香菜、罗勒或小草等(见图5-19)。

图5-19 《装在瓶子里的春天》小制作

1. 需要准备的工具材料

该项小制作的工具、材料包括两升装的透明饮料瓶、小花盆、盆栽土、种子、碟子、手工木棍。

2. 制作过程

(1) 去掉饮料瓶的瓶口部分。

(2) 找一个合适的小花盆，里面装好盆栽土，然后根据种子包装袋上的说明在花盆中种下种子。

(3) 将花盆放在一个碟子上，再插上一根小木棍，写上所种植物的名字，将裁切好的饮料瓶罩在花盆上。当盆中的泥土看上去有些干燥时，就要浇水(见图5-20~图5-23)。

图5-20 《装在瓶子里的春天》小制作①

图5-21 《装在瓶子里的春天》小制作②

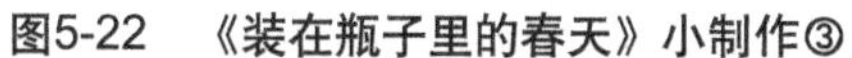

图5-22 《装在瓶子里的春天》小制作③

图5-23 《装在瓶子里的春天》塑料瓶墙

(三)科技小制作——用易拉罐制作能够取火的凹面镜

凹面镜和凸透镜一样，可以将光线聚焦到一点，它的光路图如图5-24所示。

应注意，凹面镜的镜面并不是球面，而是抛物面。我们的祖先早在3000多年前的周朝，就开始利用这个原理来取火了。如图5-25所示，为我国古代用青铜制作的凹面镜，叫作“阳燧”。

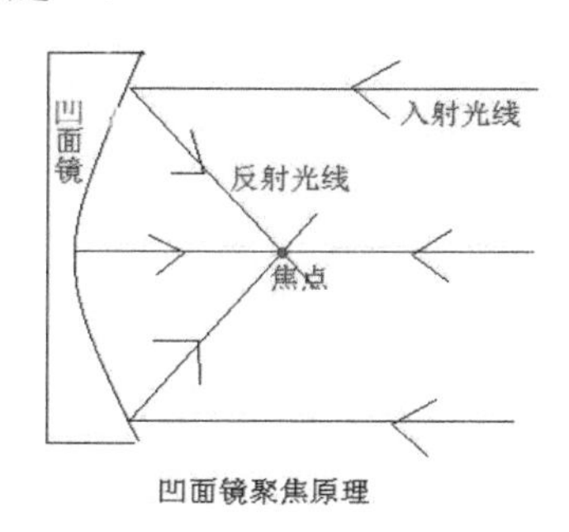

图5-24 凹面镜聚焦原理

图5-25 古代用青铜制作的凹面镜

这里要教大家用最常见的材料——易拉罐制作一个能够取火的凹面镜。首先选取一个易拉罐，我们要将罐底的凹面通过打磨、抛光，制成凹面镜。易拉罐有铝制和铁制之分，铝制的好一些，因为铝比铁柔软，容易打磨，而且反光性能更好。图5-26左边的是铝制的易拉罐，右边的是铁制的易拉罐。一般可乐罐都是铁制的，图5-26中左边的凹面相对来说比较光滑。

首先使用砂纸，将易拉罐底面的商标和保护涂层打磨掉。越细的砂纸越好，这里用的是1500目的砂纸，3200目的砂纸效果更好。没有那么细的砂纸也不要紧，因为砂纸会被越磨越细(见图5-27)。

然后找一块细软的棉布，蘸一些牙膏，反复打磨凹面(见图5-28)。

如果感觉很干，还可以加点水，牙膏不够用就要加牙膏。因为牙膏里含有摩擦剂，所以有打磨抛光的作用。可以不断地更换手指、改变位置和方式，这样感觉不那么累，因为这个动作要持续很长时间，可以在中途用水将牙膏冲洗干净，检查一下工作进度，并确认是否有抛光不均匀的地方。具体需要多长时间，视频率和力度而定，直到易拉罐的底面被抛光到像镜子一样清晰为止。这是一个需要耐心和毅力的工作，大约需要2小时。五金店里有专门的抛光剂出售可代替牙膏，可以节约时间和力气。将抛光完成的凹面镜对着阳光，可以看到手指上被聚焦的一个小光点。慢慢地改变手指的高度，直到光点面积最小，且手指有灼痛感为止，这就是焦点的位置(见图5-29)。

将一根火柴固定在焦点位置，让太阳光刚好聚焦在火柴头上。过一会儿，可以看到火柴头被点燃(见图5-30)。

图5-26　用易拉罐制作凹面镜①

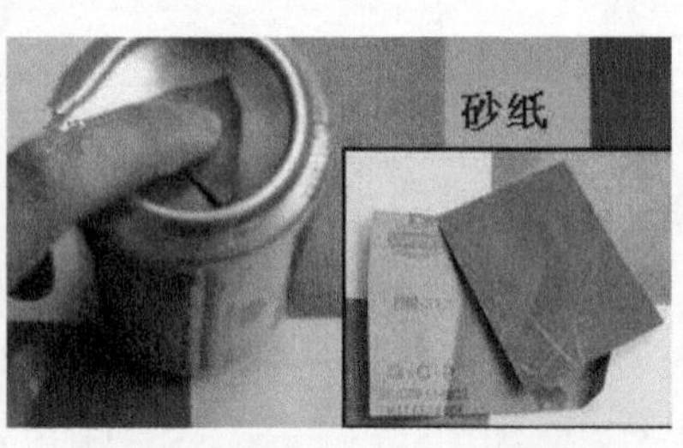

图5-27　用易拉罐制作凹面镜②

图5-28　用易拉罐制作凹面镜③

图5-29　用易拉罐制作凹面镜④

图5-30　用易拉罐制作凹面镜⑤

注意：因为这种凹面镜的面积很小，而且抛物面的精度也不是很高(毕竟易拉罐不是用来制作凹面镜的)，因此用它点燃火柴并不容易，夏季正午天气晴朗、无风的情况下，可能需要5～10分钟的时间。在南方气温较高的地区，应该更容易一些。并不是所有的易拉罐都适合做凹面镜，如果发现精心打磨抛光过的罐底很难将光线聚焦到一点，那么需要换一种易拉罐，重复上述工作。

(四)创意纸质网状灯笼手工DIY图解教程

相信大家做过灯笼，灯笼要不就是用纸做的，要不就是用布做的，现在我们来做一个纸质网状灯笼。虽然也是用纸来制作，但是会和原来做的不一样。先欣赏一下成品(见图5-31)。

1. 材料

需要准备的材料有彩纸、空的中性笔芯。

2. 制作方法

沿对角线对折，再对折两次，然后展开，沿着痕迹画线，将线加粗。开始画若干同心圆，圆心是那些相交的点，间隔的半径记得应大一点，否则面部不好刻画。以半径间隔5mm画圆，注意中间留一个2～3cm的圆，以便后面使用(见图5-32~图5-39)。

为了方便，可把画圆的纸的反面四个角贴上胶，粘上第二张，注意胶不要粘到画的圆内。

开始刻画时，应边看图边慢慢刻，刻的时候不要刻错，要用力，让第二张纸也刻上(见图5-40、图5-41)。

沿着最外面那个圆剪开，得到两个刻好的圆。找到两个圆各自的圆心，然后上螺丝，钉上空笔芯。最好加上个垫片，两个圆要一样，用胶将中性笔芯粘好。最后将两个圆的最外圈粘住，这样网状的灯笼就制成了(见图5-42~图5-48)。

图5-31 纸质网状灯笼

图5-32 纸质网状灯笼制作过程①

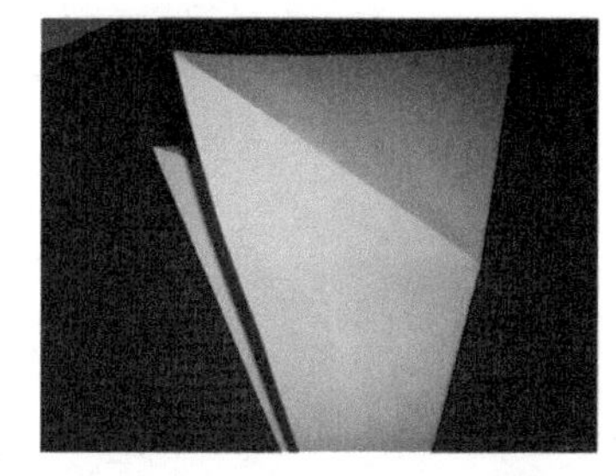

图5-33 纸质网状灯笼制作过程②

图5-34 纸质网状灯笼制作过程③

图5-35 纸质网状灯笼制作过程④

图5-36 纸质网状灯笼制作过程⑤

图5-37 纸质网状灯笼制作过程⑥

图5-38 纸质网状灯笼制作过程⑦

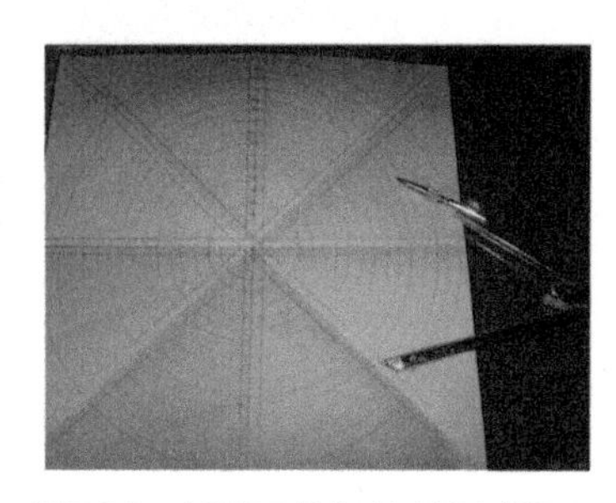

图5-39 纸质网状灯笼制作过程⑧

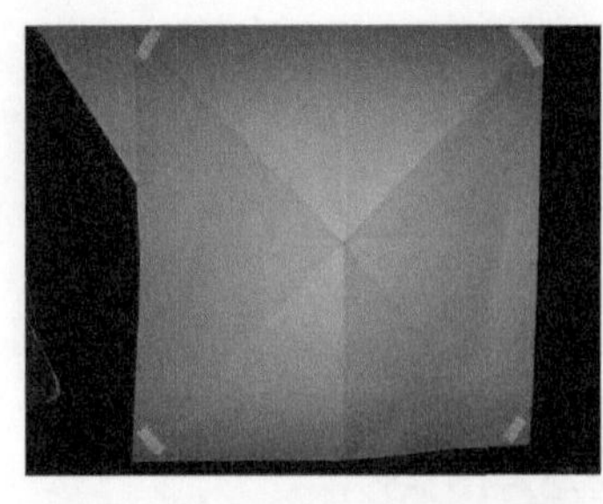

图5-40　纸质网状灯笼制作过程⑨

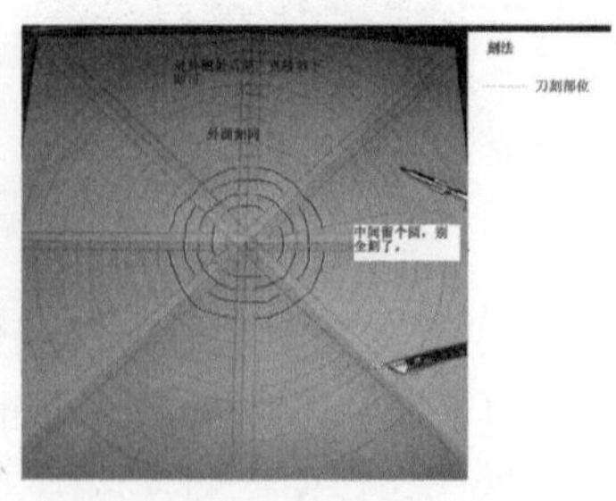

图5-41　纸质网状灯笼制作过程⑩

图5-42　纸质网状灯笼制作过程⑪

图5-43　纸质网状灯笼制作过程⑫

图5-44　纸质网状灯笼制作过程⑬

图5-45　纸质网状灯笼制作过程⑭

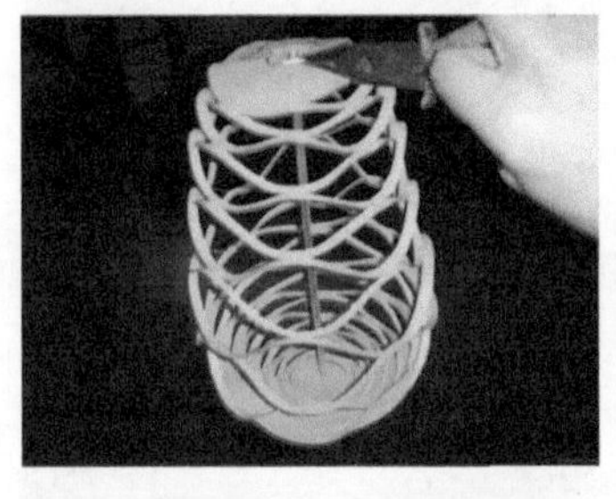

图5-46　纸质网状灯笼制作过程⑮

图5-47　纸质网状灯笼制作过程⑯

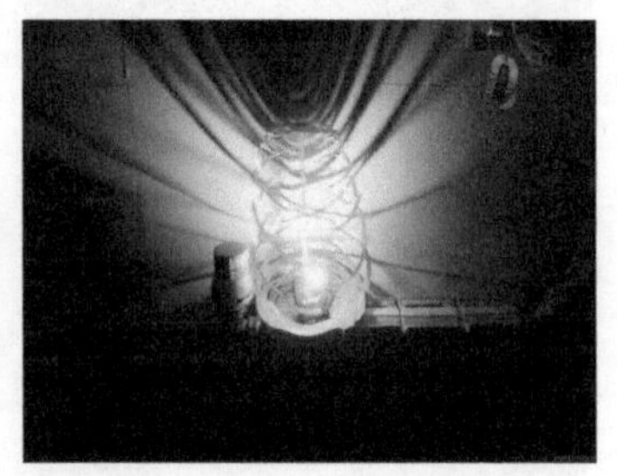

图5-48　纸质网状灯笼制作过程⑰

拓展实训：在体验和学习科技小制作的过程中，开展各种科技小制作小发明实验，进行丰富多彩的科技小制作设计和表现活动，要求构思巧妙、形象有趣、造型丰满、做工精细。小发明还应具备新颖性、先进性、实用性和科学性。

第二节　废旧物品再利用

废旧物品再利用.mp4

一、废旧物介绍

对废旧物的再利用是对少年儿童进行美术教育的一举多得的途径。废旧物品是指陈旧(闲置)的或废弃的东西，可以作为再生资源的可回收利用物品，即日常生产生活过程中所剩余的价值不大的物资。其包括陈旧、报废、二手、库存、生产生活所产生的物资。如废金属、废纸、再生塑料等。我们在选择材料的过程中，不仅应该注意到废旧物品的教育价值，还需注意到它对儿童应该是安全、无毒、无副作用的。对于收集来的物品，要根据材料的特点进行消毒处理，如清除海鲜上面的剩肉，以防腐烂、有异味，从而影响儿童身体健康。另外，还应特别注意不要选择那些有棱角、毛刺等容易给幼儿造成伤害的物品，选用的材料应当有利于环境保护和可持续性发展(见图5-49~图5-56)。

图5-49 艺术家的废旧物品再利用①

图5-50 艺术家的废旧物品再利用②

图5-51 艺术家的废旧物品再利用③

图5-52 艺术家的废旧物品再利用④

图5-53 艺术家的废旧物品再利用⑤

图5-54 艺术家的废旧物品再利用⑥

图5-55 艺术家的废旧物品再利用⑦

图5-56 艺术家的废旧物品再利用⑧

二、废旧物的工具材料

从日常生活中取来的废旧物品，依据材料的来源不同，可粗略地分为以下三类。

(一)日常生活自然物

日常生活自然物包括自然植物和自然废弃物。

(1) 自然植物，如儿童生活中常见的各类树叶、花草等。

(2) 自然废弃物，如贝壳等。

(二)日常生活用品

日常生活用品(包括废旧生活用品)，可分为以下五类。

(1) 食品类。蔬菜水果，有各种横截面的藕、花菜、苹果等以及食品的包装盒。

(2) 餐具类。餐具类包括各类餐具、盆碟，如一次性餐碟、旧锅盖等。

(3) 衣帽服装类。衣帽服装类包括旧的T恤、手套、拖鞋、旧鞋等。

(4) 生活垃圾类。生活垃圾类包括各类瓶瓶罐罐(如酒瓶、易拉罐、水桶等)。

(5) 玩具类。玩具类包括各类积木、玩具车辆等。

(三)生活辅助用品

生活辅助类用品包括：各类绳状物，如电线、毛线、丝带；各类袋状物，如纸袋、塑料袋、浴帽；以及纽扣、陶土、砂皮纸等。

总之，在少年儿童的日常生活中经常能接触到的，安全的、无毒的材料，通过充分挖掘都能让这些生活中不起眼的小物件或者是废弃物成为幼儿美术教育中的有效材料。

三、教学案例应用

易拉罐是常见的生活垃圾，小小的易拉罐貌不惊人，但通过我们的双手却能做出一个个漂亮的手工制品。

易拉罐手工制作成品，如图5-57~图5-62所示。

图5-57 易拉罐手工制作①

图5-58 易拉罐手工制作②

图5-59 易拉罐手工制作③

图5-60 易拉罐手工制作④

图5-61 易拉罐手工制作⑤

图5-62 易拉罐手工制作⑥

四、手工制作

1. 易拉罐手工制作工具及材料

易拉罐手工制作工具及材料有易拉罐、剪刀、小棍(见图5-63)。

图5-63 工具及材料

2. 易拉罐手工制作过程

(1) 将易拉罐瓶口剪下来(见图5-64)。

(2) 用剪刀将易拉罐剪成八等份，再将其中的四份剪成条状，条状的宽度在3毫米左右为佳(见图5-65、图5-66)。

(3) 根据自己的习惯将四束向上卷成小卷作为椅腿，再将其中两个椅腿中间的部分向上卷成高低不同的花的形状(见图5-67、图5-68)。

(4) 开始制作座椅背、扶手。将其余的四份剪成条状，将其中的三份向上翘，分别卷成一个椅背、两个扶手，直至完成(见图5-69~图5-72)。

图5-64　剪开瓶口

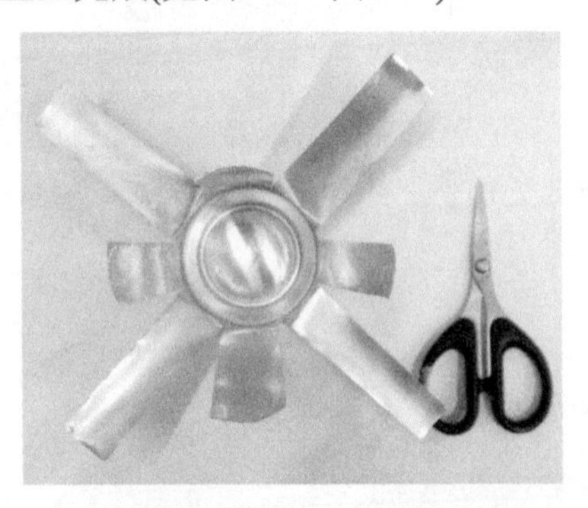

图5-65　平分八等份

图5-66　四份剪开

图5-67　卷椅腿①

图5-68　卷椅腿②

图5-69　将其余四份剪开

图5-70　卷扶手

图5-71　完成效果①

图5-72　完成效果②

3. 手工制作图例

图5-73~图5-96为废旧物品再利用图例。

图5-73　手纸轴做的笔筒

图5-74　矿泉水瓶子做的花瓶

图5-75　扑克牌做的花瓶①

图5-76　扑克牌做的花瓶②

图5-77　扑克牌做的仙鹤

图5-78　雪碧瓶子做的花篮

图5-79　贝壳做的小人

图5-80　一次性纸杯做的雪人

图5-81　袜子娃娃①

图5-82　袜子娃娃②

图5-83　袜子娃娃③

图5-84　综合材料做的帽子①

图5-85　综合材料做的帽子②

图5-86　废旧卡纸做的帽子①

图5-87　废旧卡纸做的帽子②

图5-88　废旧卡纸做的帽子③

图5-89　废旧卡纸做的帽子④

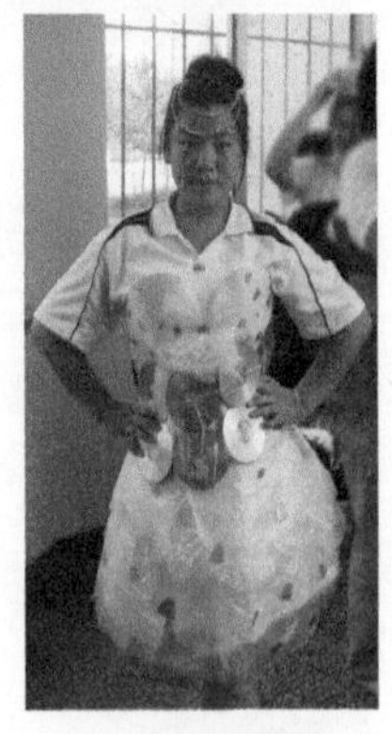

图5-90　塑料光盘变新衣

图5-91　报纸变新衣

图5-92　塑料变新衣

图5-93　麻袋变新衣

图5-94　包装纸变新衣

图5-95　废布料变济公服

图5-96 废旧物品变新衣

第三节 幼儿园教具制作

幼儿园教具是幼儿园对幼儿进行教育的重要工具。幼儿园的教具除了购买的部分外，其余部分都应由幼儿园教师就地取材，亲自制作。因此，幼儿园教师必须掌握自行设计与制作的必要技能。

在幼儿园里的教具和玩具，有相当一部分是合一的。同一物品，用来进行教学，就成了教具；用来做游戏，便成了玩具。教具，只能由教师演示、操纵；玩具则一般用来供幼儿观赏、拼叠和操纵。

自制教具有一定的要求。在内容和形式方面，必须符合幼儿活动的需要、认知水平和玩赏能力。在选材方面，应考虑就地取材，尽量利用一些废旧物。在结构设计方面，应尽量考虑结构简单，便于制作和牢固的原则。在形式方面，造型应简洁、生动，色彩宜鲜明(见图5-97、图5-98)。此外，还必须注意使用方便、安全和卫生。

图5-97 《花》/衍纸作品①

图5-98 《花》/衍纸作品②

幼儿对形象具体、色彩明快、结构合理，以及能发出声、光，能活动的教具特别感兴趣，并且还要求能亲自抚摸、操纵，因此，在设计、制作教具时，应尽可能地满足幼儿的要求。

常用的教具大致可分为如下几种：①图片教具，如图片箱、抽动画片、立体画册、磁性板、幻灯片等；②模型教具，如各种形象的模型；③桌面教具，如沙盘、角色教具；④舞台教具，如皮影及各种玩偶。

一、图片箱制作

1. 转轴式图片箱制作

制作转轴式图片箱可选用厚纸箱或泡塑包装盒、旧抽屉等材料。在厚纸箱或盒的两侧各钻两个小洞，取两个圆筒，中穿一木轴，分别横穿过两洞口，再在轴端加一旋钮，最后将箱、盒面加上边框装饰即可。使用前，应先将图片粘贴在一张长条纸上，长条纸的上下两端用胶纸分别在上下圆通上，并转动下轴，卷起一段长纸，当转动上旋钮时，图片便能徐徐上升。

2. 拉动式图片箱制作

将图片贴在木框上，在框的上边两角处系线，将线穿过箱角的羊眼螺丝，再通过箱侧的小孔伸出箱外，并在末端系一小铁环。使用时，可拉动线，图片便会上升至窗口。

二、抽动画片制作

首先，将所需的形象画在纸板上，再分别做出能活动的局部零件及动臂。组合时，纸箱背部动臂需要和纸板前面的活动部分连接，要固而不定。有些部件需要从背后伸出纸板，因此，要在纸板上的相应部位开出槽口。这样，抽动动臂时，形象便会活动起来。

三、立体画册制作

立体画册分横式(上下开合)与竖式(左右开合)两种。

1. 横式立体画册

在长方形纸上画出水平中心线，其上为立面，其下为平面；再画出形象及支撑面，并进行剪切、折叠(设计时需注意，不要使折叠后的形象伸出画册外)；再将这种画页装订起来，便成了立体画册(见图5-99~图5-105)。

2. 竖式立体画册

将需要竖起的形象剪好附贴在剪好的背景上，再将背景对折贴在书面上，然后将背景对折在书面上即可，也可以直接以书面为背景(见图5-106~图5-110)。

图5-99　横式立体画册①

图5-100　横式立体画册②

图5-101 横式立体画册③

图5-102 横式立体画册④

图5-103 横式立体画册⑤

图5-104 横式立体画册⑥

图5-105 横式立体画册⑦

图5-106 竖式立体画册①

图5-107 竖式立体画册②

图5-108　竖式立体画册③

图5-109　竖式立体画册④

图5-110　竖式立体画册⑤

四、贴绒作品制作

贴绒作品以平直的绒布(呢、纱布也可)做底板，以绒布剪形象(在纸形象后贴棉花也可)进行贴附。其纸状形象则用毛线直接贴附(见图5-111、图5-112)。

图5-111　《福娃》/贴绒作品/吴丽萍

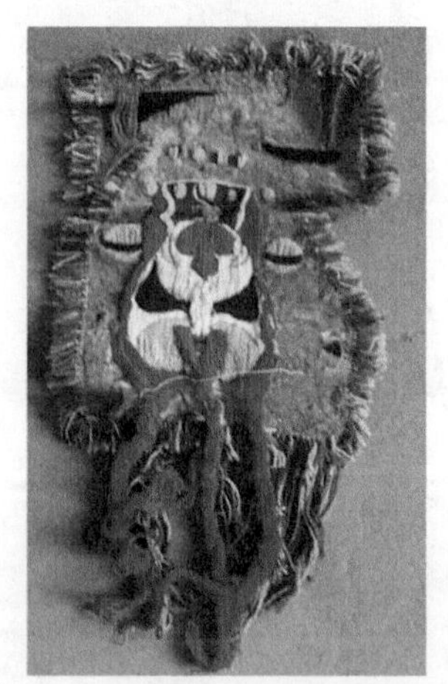

图5-112　《脸谱》/贴绒作品/张秉霞

五、磁性教具制作

1. 做吸盘

将马口铁钉在木框或木板上即可作为吸盘使用。

2. 作贴附形象

先用纸剪好或用三夹板锯成想要的形象，然后在形象的背后用胶带纸将小磁铁片固定便可。

这样的形象可以贴附在吸盘上的任何地方，移动起来十分方便。

可以在底板的夹层里排列好磁铁块，在形象背后贴附上铁片、回形针或铁丝；在吸盘背后用移动着的吸铁石吸吸盘上贴有铁片、铁丝的形象。以上是吸平面物的教具，吸立体物并使它走动，常采取第三种方法。如在桌上放着贴有铁片的立体形象，在桌面下用移动着的吸铁石吸上面的形象，上面的形象便会动起来。

六、幻灯片制作

通过投影幻灯机将图片形象地透视在屏幕上的幻灯片有三种基本形式：基因式、复盖式和抽动式。

七、模型制作

模型制作一般是指立体的造型玩具，它是根据教学内容要求选取不同材料(如泥块、纸浆、泡沫塑料、海绵、吹塑薄膜、厚纸、石蜡等)自行设计、制作的(见图5-113)。

图5-113　《天安门》/立体造型

八、沙盘制作

1. 盘的制作

通常以泡沫塑料盒(或木盒)装沙作为沙盘。

2. 沙盘中使用的道具制作

一般情况下，在角色和背景的背后贴附上竹签，这样，在使用时便可自由地插在沙盘的任何地方。

3. 可见洼坑的制作

在沙盘的前侧方，镶上玻璃，使用时可见到洼坑深处的情景。

九、玩偶制作

1. 玩偶内涵

玩偶，又称木偶，因为传统的玩偶是用木头雕成的。现在的玩偶用材多种多样，材料易得，加工方便，幼儿也可自制、表演。因此，玩偶成了幼儿园的重要教具(见图5-114~图5-116)。

玩偶的种类有三种：提线木偶(傀儡戏)、杖头木偶(杖头傀儡)、掌中木偶(布袋戏)。

图5-114 《猪八戒》/玩偶

图5-115 《孙悟空与猪八戒》/玩偶

图5-116 《孙悟空》/玩偶

2. 运用不同质地的材料制成的玩偶举例

(1) 木玩偶制。木玩偶制用质地细硬的木材刻制后，上漆制成。

(2) 黏土翻制木偶。用黏土加黏香、纸浆捏制压成泥板后，在石膏模内印制，晾干后，上漆或着水粉色上胶即可制成黏土翻制玩偶(见图5-117、图5-118)。

图5-117 《休闲》/泥塑作品①

图5-118 《休闲》/泥塑作品②

(3) 石膏浆浇注木偶。石膏浆浇注木偶以石膏浆注入石膏模内制成(见图5-119)。

(4) 泡沫塑料木偶。泡沫塑料切割成型、挫平、磨光后，以布、麻等粘贴，并加颈套可制成泡沫塑料木偶。

(5) 纸脱胎木偶。在原型的基础上用废纸裱贴，待其干燥后切开、脱胎，再黏合、着色即可制成纸脱胎木偶。

(6) 折纸木偶。用方形纸折成人型，再根据人物特点添加各个局部可制成折纸木偶(见图5-120、图5-121)。

图5-119 《挺立》/石膏造型

图5-120 《舞》/折纸人型

图5-121 《欢庆》/折纸人型

(7) 纸套木偶。用厚纸糊成纸套，或取厚纸在其背后加纸套，然后在正面画出角色形象可制成纸套木偶。

(8) 瓶偶木偶。利用各种瓶子原型画上脸部形象，并添加各个局部即可制成瓶偶木偶

(见图5-122)。

(9) 球偶。在球体上添加局部可制成球偶。

(10) 盒偶。通过对合适的纸盒进行加工，可制成口能开合的动物形象，即盒偶(见图5-123)。

(11) 其他材料制成的玩偶。如蛋壳、茄子、包菜、玉米棒、藕、胡萝卜、萝卜、苹果、山芋、马铃薯等物，通过添加、挖削、勾画，可形成多种偶头形象(见图5-124)。

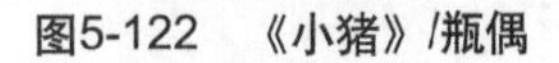

图5-122 《小猪》/瓶偶

图5-123 《小动物们》/盒偶

图5-124 《韵》/蛋壳雕刻

十、皮影道具制作

皮影戏是我国民间文艺表演形式之一，它的道具是用驴皮刻制而成的。其基本制作过程是先画稿，再刻制、染色、装配。为了能够活动，皮影形象一般可分为头、上身、腰、四肢(上肢可分成手、小臂、上臂)、尾(动物)等许多局部。在各部分相互联结的地方打眼穿线或用金属丝使其连接，从而能活动。在人物形象的手部连上两条粗细丝(或木棒、有机玻璃片)作为动臂，用它在幕后操纵，透过灯光或自然光的照射使角色的投影落在透明或半透明的屏幕上，从而显现出许多活动的影像来(见图5-125~图5-129)。

学校、幼儿园中的皮影多数是用厚纸板和三夹板做成。在三夹板的邻近局部之间，可用橡皮筋连接，并在一头栓上操纵绳。当拉动牵引绳时，局部便会活动起来(如低头、展翅)；当松手时，其便恢复了原状。幕布常用纱布或磨砂玻璃制成(见图5-130、图5-131)。

图5-125 皮影道具①

图5-126 皮影道具②

图5-127 皮影道具③

图5-128 皮影道具④

图5-129 皮影道具⑤

图5-130 皮影演出①

图5-131 皮影演出②

第四节　幼儿园场景设计与玩具制作

一、幼儿园场景设计

幼儿园是幼儿最早接触到的公共空间，也是其生活、娱乐、学习的场所，因此场景设计应该作为幼儿园整体规划中不可缺少的一部分。

《幼儿园教育指导纲要》中明确指出：“环境是重要的教育资源，应通过环境的创设和利用，有效地促进幼儿的发展。”并指出，“幼儿园应为幼儿提供健康、丰富的生活和活动环境，满足他们多方面发展的需要，使他们在快乐的童年生活中获得有益于身心发展的经验。”

环境创设、场景设计从此作为一个现实的课题被深入地研究与探讨。

幼儿园场景设计(见图5-132~图5-135)不单单包含了环境的美化，同时也涵盖环境的教育功能与价值，也就是说包括物质环境和精神环境两个部分。

图5-132　艺术幼儿园布置①

图5-133　艺术幼儿园布置②

(一)幼儿园场景设计的原则

1. 民族性

中华民族的文化包罗万象。在幼儿园场景设计中首先要体现民族性，让幼儿在充满文化自信的氛围中成长、受教育。如以节日文化为主题开展场景设计，可以制作与元宵节、清明节、端午节、中秋节等节日民俗习惯相关的场景；还可以将剪纸画、年画、皮影等民间工艺作为主题。让幼儿置身于构建民族文化的氛围中学习、游戏，感受历史脉搏，感受传统文化的博大精深。

图5-134　艺术幼儿园布置③

图5-135　艺术幼儿园布置④

2. 安全性

幼儿园的场景设计首先要做到安全。校舍建筑要坚固，地面要平坦。绿色植物除了美观外，还应注意无毒、避免过敏性物种，危险的带有尖刺状的绿植，如仙人掌不宜在幼儿园种植。墙面挂饰必须保证牢固，箱柜一定要用钉子固定。玩具不能有任何危险性，边角要圆滑，小班的玩具不应有太细小的零件。玩具不能有尖锐的构造，在玩具选材上要注意无毒、柔和。

3. 游戏性

“游戏是幼儿的生命”，在游戏中快乐成长是许多国家幼儿教育秉承的理念。幼儿的天性可以在游戏中尽情释放。设计师布置游戏场景时，可以建造五颜六色的游戏空间，让幼儿在游戏中感受轻松愉快的氛围，从而加强体育锻炼，营造健康心理。

(二)幼儿园场景设计分类

1. 室外场景设计

1) 自然园地

幼儿园室外自然园地可以种植安全的、观赏性强的花草。户外墙面可以绘制儿童喜爱的卡通形象，也可以绘制花朵、树木。在狭小的园区中让幼儿感受自然的氛围。还可以制作立体墙饰，加强装饰的视觉冲击力，有效地引起幼儿兴趣。

2) 玩乐区

按照幼儿园场景设计的游戏性原则，操场活动器具投放比较重要。如安吉游戏中的绳子网、自制的竹单梯、攀爬架，利津游戏中的树网墙、线缆磙子。色彩丰富的活动器材是玩乐区场景布置的重点。

2. 室内场景设计

1) 自然角

自然角可以种植适合季节的花草等植物，也可以圈养金鱼、小乌龟、小蜗牛等供幼儿观察、欣赏，让幼儿亲近生命，感受自然平衡的乐趣，增强对大自然的热爱之情。

2) 墙面

幼儿园墙面布置包括活动室墙面、班级走廊墙面以及卧室墙面。墙面布置的内容可以是教育性质的，如文明礼貌教育方面可以绘制《孔融让梨》，图文并茂地让道德教育深入儿童内心；科学方面可以绘制“数字宝宝”，加深幼儿对数字的概念；艺术方面可以粘贴幼儿的绘画、脸谱、编织、剪纸、撕纸等作品，营造充满艺术氛围的环境。

3) 科学活动室

幼儿科学教育活动应该引导、启发幼儿自主探究的兴趣。考虑到年龄因素，幼儿园益智区的空间布置不要过于复杂。鼓励幼儿主动观察自然以及生活中常见的事物，发现事物的差异与变化。可以投放一些简单的益智类游戏，如五子棋、象棋、跳棋、军棋等开发幼儿智力的棋牌类游戏。

二、玩具制作

玩具是儿童的“天使”，是幼儿的“教科书”，因此，制作玩具时应考虑玩具的三要素，即教育性、艺术性和安全性。

从不同的角度划分，玩具可分为不同的种类。现将玩具综合为模型玩具、组合玩具、活动玩具、音响玩具四类。

(一)模型玩具

模型玩具用来做玩具架的摆设，供幼儿欣赏，也供游戏时做道具使用，如家具、炊具、交通工具、景物、动物、花卉等模型(见图5-136~图5-139)。

图5-136 《狂欢》/玩具制作

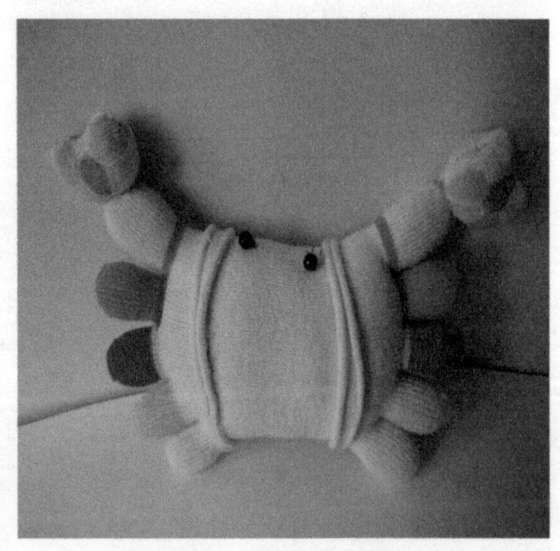

图5-137 《蟹》/玩具制作

图5-138 《威武》/玩具制作

图5-139 《小动物》/毛织玩具

(二)组合玩具

组合玩具可分为平面的和立体的两种。平面组合玩具有七巧板、十五巧板等几何形拼板，用以排列、组合成各种形象。立体组合玩具有形体积木、建筑积木、穿插板和各种结构积木等(见图5-140)。

(三)活动玩具

活动玩具是指装有各种活动装置的玩具，如装有发条、小马达等。利用拉力、推力、压力、重力、弹力、磁性、声控、惯性、摩擦的原理，以及各种轮轴牵动作用，可使玩具产生活动现象，以增加玩具的真实感和趣味性(见图5-141)。

图5-140 《飞轮》/组合玩具

图5-141 《结》/活动玩具

(四)音响玩具

音响玩具是指通过摩擦、敲击、吹、拨等动作发出声响的玩具，如钱鼓、摇鼓、哑铃、沙锤、响木、哨笛、鸟鸣笛、梆子等。有些音响装置也装在玩具中，如弹簧共鸣箱、蜂鸣器等。

本章小结

本章主要介绍了综合材料的种类与制作过程，重点介绍了科技小制作的质量标准，废旧物的工具材料，幼儿园场景设计的原则与分类。在此基础上，本章又对科技小制作、幼儿园常用教具、幼儿园玩具的工具材料与制作技法进行了介绍。

思考题

1. 利用易拉罐做一把小椅子。
2. 利用废旧物品做一个手工品，材料样式不限。
3. 制作一组玩具、教具，要求构思巧妙，手法新颖。

第六章　教师徒手画

学习目标

- 教师徒手画的历史与工具材料
- 人体运动规律
- 动物画的画法
- 静物画的符号语言
- 风景画的画法

重点与难点

- 教师徒手画的构思方法与特点
- 人体的结构与比例
- 风景画的透视与构图

一、教师徒手画概述

广义上的教师徒手画，包括线描、速写、草稿等多种造型表现形式。它是所有工艺创作课程的基础，在提高教师的造型能力方面有着十分重要的意义。蔡炳云教授概括这种绘画样式为："用极为简单的线条和图形在极为有限的时间与空间内迅速地概括物象最本质的特征，是一种直观形象、易学易画的绘画形式。"

教师徒手画作为一种基础性的图像语言载体，首先要熟练掌握各种物象的比例、材质、质感、尺寸等内容，只需数笔就可以迅速直接地表达出教师想要传达的主题。

徒手画历史悠久，早在距今3万多年的法国西南部的拉斯科洞窟中，已经发现了岩石壁画(见图6-1)，这是典型的徒手画雏形。我们可以清晰地看到先民们已经开始运用精准的线条来描绘捕猎、祭祀的场面。这些画生动、形象、简练，与我们今天的徒手画非常接近。

随着时代的发展，徒手画的应用范围也在不断地发展和演变。由于徒手画可以用相对简单的笔法、造型、颜色，生动形象地概括物象的外形特点，使得徒手画的适用领域也越来越宽泛。如在产品设计、流程说明、教育教学等领域中，经常会用简单明了的徒手画来代替一些复杂晦涩的文字或语言说明。

在儿童教育教学领域，这种优势尤其突出。苏霍姆林斯基曾经说过："绘画的直观手段是一种发展儿童的观察力和发展思维的力量，由于视觉、听觉、感觉同时进行，在儿童的意识里就形成了一种在心理学上称之为情绪记忆的东西。"徒手画可以满足儿童的形象表达需求，为儿童自主表达情绪记忆提供了无限可能。这个过程为儿童贡献了巨大的获得感与创造力。

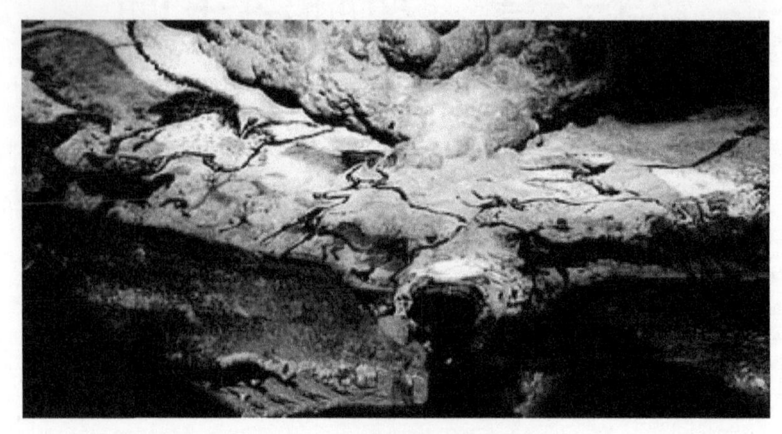

图6-1　法国拉斯科洞窟壁画

二、教师徒手画的工具

教师徒手画是一种比较简便的绘画形式。其所选取的绘画工具主要包括笔和画纸。

(一)笔

现代社会最常使用的绘画用笔包括铅笔、中性笔、针管笔、钢笔等。徒手画选用的笔可以产生明确而清晰的轮廓，价格适中，携带方便。

(二)画纸

现在市场上纸张种类繁多，有打印纸、素描纸、速写纸、水彩纸、卡纸等。因其品类不同会产生不同的效果。

三、教师徒手画的构思方法与特点

(一)构思方法

(1) 画什么。首先根据题目确定主题。
(2) 画在哪。应确定主要形象的位置，构图要主体突出。
(3) 还有谁。确定辅助形象，辅助形象要与主要形象相呼应。
(4) 在哪里。最后确定环境(森林、草地、室内、山坡、池塘、海、花园等)因素。

(二)特点

教师徒手画的特点归纳如下。

1. 形象性

教师徒手画可以用简单的点、线、面快速地抓住物象的本质特征，线条生动活泼、动感有张力。

2. 概括性

教师徒手画具有高度的概括性和表现力，运用简洁的线条来表现物象是这类画种的基本特征。其化抽象为具体、化难为易，十分有利于理解和模仿。

3. 趣味性

因为教师徒手画经常将所绘物品拟人化，形象上更容易激发幼儿的兴趣，加深记忆，从而启发人的创造性思维。

4. 分类明确

教师徒手画一般分人物徒手画、动物简徒手画、静物徒手画、风景徒手画等。

第一节 人 物 画

人物画.mp4

一、人体结构与比例

在教师徒手画中，人物画最复杂，也是比较难掌握的一个门类。绘制人物画，首先要熟练掌握人物的结构以及比例关系，掌握人物形象的运动规律，了解不同类型的人物徒手画的表现方式。掌握各类人群的外形特征，如在性别方面区分男人、女人；在年龄方面区分成年人、儿童；在职业方面区分教师、医生、军人等不同职业的人群。

(一)人体结构

人体结构分为头、颈、身躯、上肢、下肢等部位。教师徒手人物画首先要将人体各部分概括为各种形状的几何图形。如用长方形、正方形、三角形、梯形、圆柱形、菱形、扇形、半圆形、椭圆形等去概括人物的外形特点。可以将人物头部简化为圆形，将躯干部分简化为长方形，将四肢简化为长短不一的线。

(二)人体比例

人体的每一部分一定与整体成比例。无论高、矮、胖、瘦，人体各部分的比例基本上是一致的。建筑学家维特鲁维乌斯在著作中明确表示，“大自然将人体的尺寸安排如下：四指为一掌，四掌为一足，六掌为一腕尺，四腕尺为人身高，二十四掌合全身。”

人体比例(见图6-2~图6-4)通常以人的头部长度为参照物。一般成年人身高是7个头长，我国古代画论有“立七、坐五、盘三半”的说法，意思是说成人站姿相当于7个头长，坐姿相当于5个头长，盘坐相当于3.5个头长。成人躯干约为2.5个头长，两臂左右伸展时，两手间的距离约等于全身高度。

儿童与成人的比例不同。儿童的头显得较大，颈短。儿童的身高大约为4~6个头长，16岁以后才会接近成人头身比例。

人的面部五官可以形成一个正方形分区，两个眼角之间的距离为宽，鼻子顶部到下唇底部为高，眼在头部的二分之一处，耳朵和鼻子一样长。在我国古代，五官比例被概括为“三庭五眼”，“三庭”是指从发际线至眉骨，从眉骨至鼻底，从鼻底至下颏，各占脸长的三分之一。“五眼”是指从左侧发际至右侧发际，以眼形长度为单位，把脸的宽度分成五等份，为五只眼的长度。

儿童面部线条圆润、无棱角。五官位置偏下而集中，两眼在整个头长的二分之一以下，眼大、鼻短、嘴小(见图6-5、图6-6)。

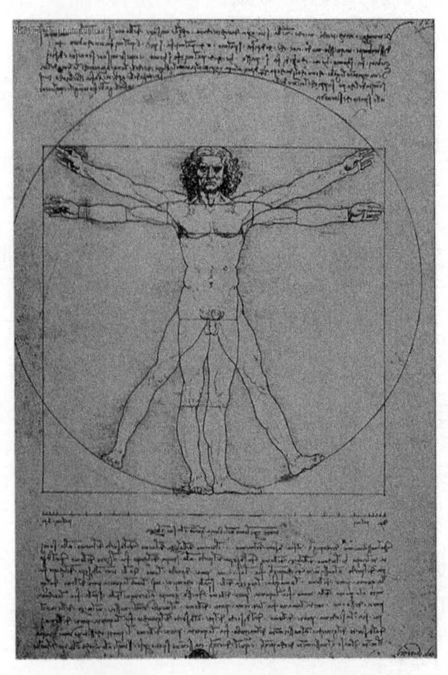

图6-2　人体比例图 / 达芬奇

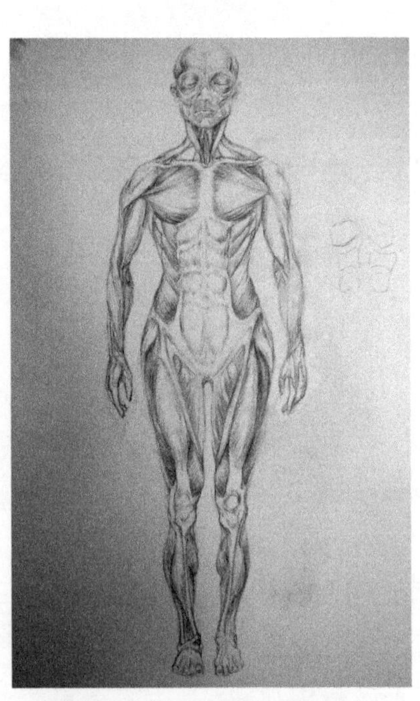

图6-3　人体解剖图/张彩侠

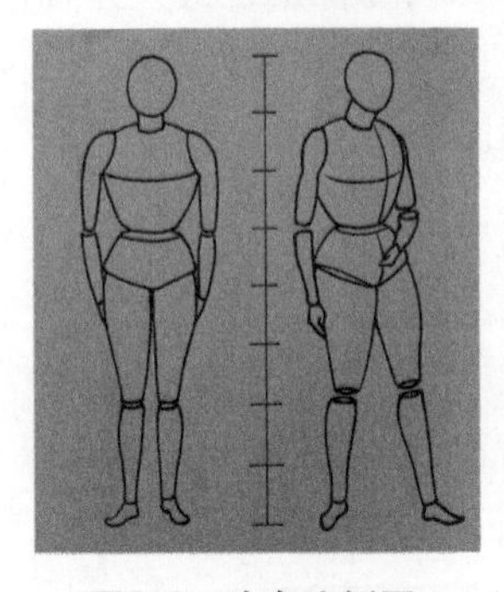

图6-4　头身比例图

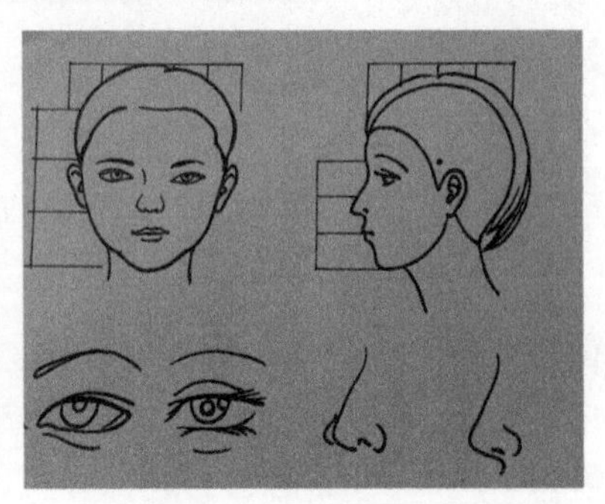

图6-5　头部比例图

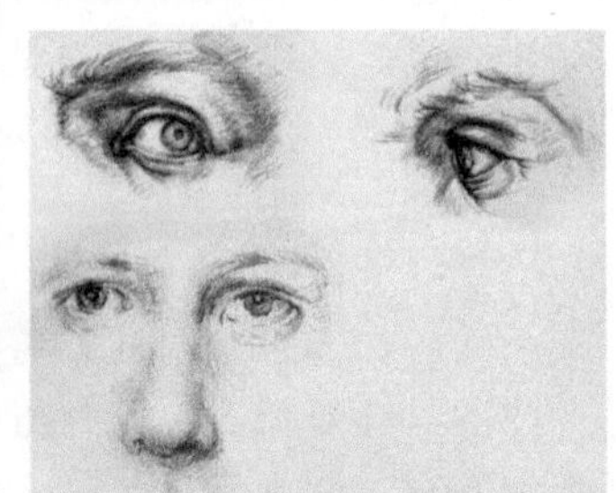

图6-6　人物画局部

二、人体运动规律

空间运动、原地运动以及复合运动组成了人体运动。复合运动是由原地运动和空间运动合成的运动方式，包括舞蹈、击剑、划船等。画运动中的人体，首先要观察分析人物的动态特点，明晰人体关节在运动中的变化规律以及动作是否平衡。

(一)人体平衡与运动状态

1. 人体平衡

从理论上讲，人体运动平衡分为两类，即简单平衡与复杂平衡。

1) 简单平衡

简单平衡是指人的两足静立、两手伸出，离开重心一定距离，或者腰部弯曲、单腿独立、双腿并立。

2) 复杂平衡

复杂平衡是指人用各种姿态举起重物。

2. 运动状态

人体运动状态分为两种。

(1) 人体处在相对的静止状态，如立、坐、蹲等。

(2) 人体完全处在运动之中，如走、跑、空中运动、游泳及失重状态等。

(二)运动的步骤解析

(1) 人体的运动首先是用脊柱带动头、胸的伸屈、侧弯，然后配合四肢的摆动。描摹动态线的前提是要熟练掌握人体动态规律。

在描绘人物动势时，首先应仔细观察对象，尽力捕捉人物的动态特征，并迅速地画出主动态线和动态辅助线。主动态线是表现人体动态特征的主线，具有高度的概括性，绘制时需要有一定的精准度。

如何抓住动态线，有以下几点。

① 动态线是由人体动作变化而产生的，人体运动时，外形的曲直变化很大，观察时应特别注意衣服紧贴身体的部位。

② 画动态线时，要描摹大体动势，注意观察外形最明显之处的动态重心。弯腰时看背部曲线；奔跑时紧盯四肢；侧势描绘腰线。

③ 使用概括而简练的线条迅速画出动势线及动势辅助线。

(2) 学习教师徒手人物画，首先应掌握骨架单线人物画法。用一个圆表示头部，用直线表示身躯和四肢，然后进一步将人体用长方形、三角形等几何方式解析，概括地描绘人物(见图6-7)。

图6-7　骨架单线人物画

第二节 动 物 画

动物画.mp4

自然界的家禽、牲畜、鱼虫与人物的结体规律十分近似。动物画是学生应该重点掌握的徒手画内容。教师应该引导学生提高对各种常见动物的观察力、理解力以及手绘能力，同时做到活学活用。熟悉一种动物的结构后，可以绘制出相近的动物体态。

一、观察各类动物的特征

描绘动物形象，首先要仔细观察、分析动物的体态特征。抓特点、找差异是画好动物徒手画的关键。

动物的特征主要表现在头、颈、四肢、躯干、尾巴、耳朵等部位上。进行概括处理时，一般动物可以大体解析如下。

1. 头部

可以理解为圆形，部分可以归纳为类似方形或三角形。

2. 躯干

四肢型动物的侧身视角，躯干大多为椭圆形，少部分可以理解为类似长方形。

3. 四肢

动物四肢的进化取决于生存环境的差异。畜、兽大多为四肢动物，其四肢大多可以概括为圆柱形结体，关节内弯，其下为蹄、掌。

4. 尾巴

由于动物的种类各异，尾巴长、短、粗、细也各有不同。狼的尾巴下垂，狗的尾巴上翘，狐狸尾巴可画得长一些，兔子的尾巴短一些。

认真观察是绘制动物画的前提。根据描绘对象的特点，要精准描绘其最关键的部位。如鹿、羊等动物的角，鹳鸟的嘴部特征，大象的长鼻子，骆驼、瘤牛背上的隆起。

对有些动物要夸张、简练、精准描绘其外形。如猪比较胖，猪的侧面身体可画成椭圆形，正面视角可画成圆形。画兔子时，耳朵可以表现得夸张一些。画金鱼时，要突出其大尾、圆眼等特点。

二、教学案例应用

(一)基本画法

把握动物的动态特点，抓住主要矛盾，画出动物动态中关键的部分。

1. 动态线

画动物时，首先应观察其躯体主线，再描摹动物的运动规律。分清头、颈、躯干、四肢、尾巴等主次关系，精确概括、反复练习。注意动物的结体规律以及身体各部分比例关系。

2. 基本形

在描绘动态线的同时，用几何解析法概括动物身体各部分的基本形状，确定头、躯干等具体位置后，勾画其大致形状。

3. 找规律

如画长颈鹿时，结体应为纵向，脖子可以夸张；大熊猫体态较圆，憨态可掬，可用椭圆形来绘制躯干，头部用圆形。然后进行深入刻画，添加四肢、耳朵、眼睛等部位。平时应注意多练习，最好背临数遍。这样可以更加深入地了解动物结体规律，徒手绘制时才能游刃有余。

(二)实际应用

1. 基本步骤训练

引导学生观察、概括物象的基本形状，分步表现小动物的造型特点，如图6-8、图6-9所示。

图6-8 动物画①

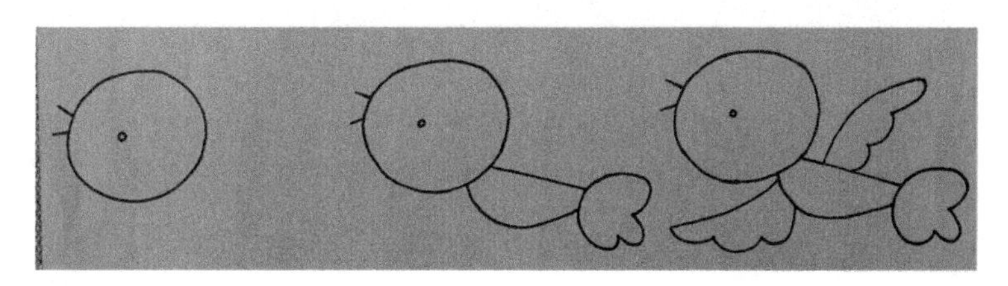

图6-9 动物画②

2. 动物画练习

训练要点：总体上把握动物的复杂形体，先画动态线，再画局部。

第三节　静　物　画

静物画.mp4

一、静物画的主要内容

静物画作为一种独立的绘画形式，是立体结构的物体形象。描绘对象主要包括花草、瓜果、蔬菜、家用器具、书籍等相对静止的物体，是生活环境、风俗习惯的直接反映。虽然静物画所描绘的对象相对普通，为生活中常见，“近取诸身，远取诸物”，但是经过画家的精心构思，往往能传达出深刻的生活态度，以物来关照自我，直指内心。

二、静物画的符号语言

静物的外形虽然复杂多样，但是通过不同角度的观察，会发现不同静物的结体存在一定的共性。用几何形体可以概括、归纳构成结体的各种要素。再加以重新组合与解析，静物的复杂外形就会变得简单明了、清晰。这种绘画方法可以最大限度地增强学生的造型理解力、形体概括力、空间形象力，让学生更加简单直观地掌握徒手静物画的绘制技巧。

现代艺术的先驱保罗•塞尚认为：“自然界中一切物体尽管其结构复杂，但都可以归结为由圆柱体、立锥体、类球体三类简单的几何图形组合而成。” 塞尚在将物象几何化解析的探索中为当代画家的艺术创作提供了重要启示。这种简单明了、深入浅出的绘画方式为教师徒手静物画奠定了坚实的基础。

几何形体解析画法是用最基础的正方体、长方体、圆柱体、锥体、球体等来概括物体形象。如家用电器大多是长方形；饮食器、炊器具一般为圆形；书刊是方形；普通交通工具为方、圆的组合等。

有些静物结构复杂，由几种不同的几何形体组成，绘制时应按结构、长宽比例、物体高低、分局部对其进行解析。如瓶、罐的颈部是圆柱体，腹部由球体组成。绘制此类静物，首先应仔细观察，用几何形体解析法进行剖析，大体掌握静物外部特征，然后用简练的线条概括完成。在徒手静物画的教学中，教师要特别注意培养学生的结构空间分析力、想象力、感知力，以及用几何解析的思维去概括、描绘复杂物体的能力。可以从绘制石膏体、方正的盒子、球类等几何造型比较明显的物体入手，让学生通过观察实物进行创意联想。

可以适时地进行引导，让学生自由讨论。内容可以是生活中哪些物体可以归纳成球体、正方体。接下来用线条以几何形体的结构来表现这些物体(见图6-10、图6-11)。

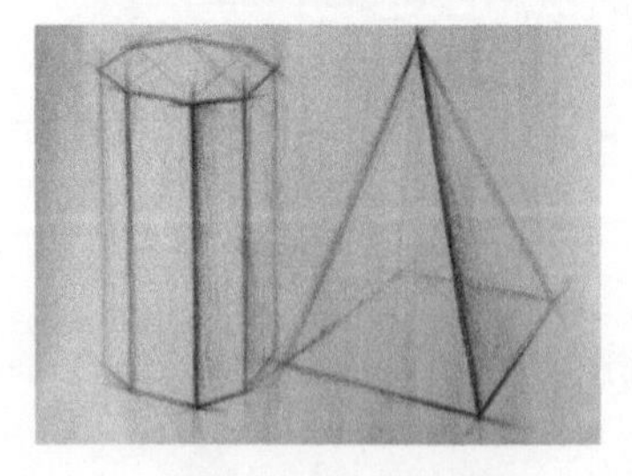
图6-10　几何形体①

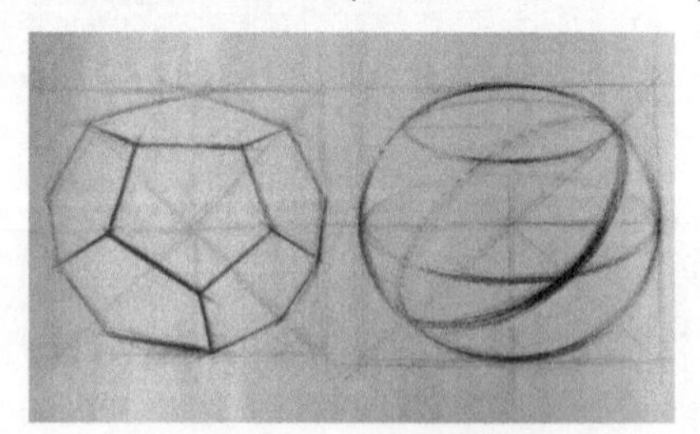
图6-11　几何形体②

三、透视与构图

(一)透视

透视学为绘画的基础。点、线、面、角、体积为透视学的五种要素。其中点没有长度、宽度，所以不占空间；线分为直线、曲线、折线，线只有长度；两线相交为角；具有长、宽、高的为体积。

透视为描绘物体空间关系的方法。一切物体都沿着锥形的线将形象传入人的眼中，狭小的空间可以容纳万物。因此从科学成像的角度我们把线透视分为平行透视(一点透视)、成角透视(两点透视)等(见图6-12、图6-13)。

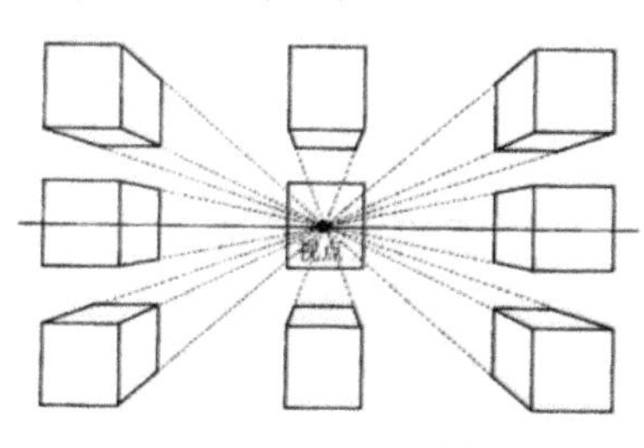

图6-12　平行透视

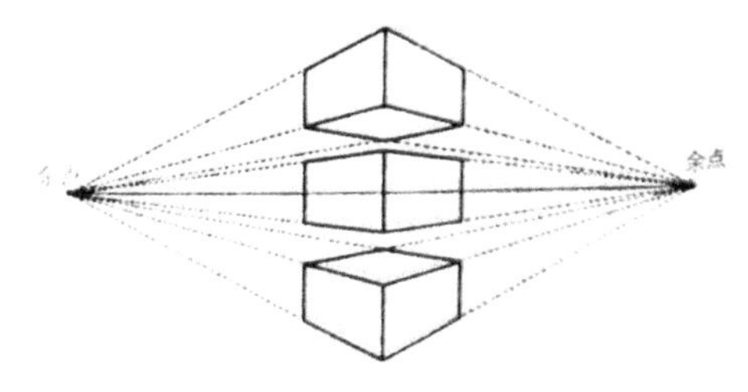

图6-13　成角透视

平行透视大都有一个消失点，所以又叫一点透视。平行透视适合画体积小的物体，有一个面与画面平行的物体都可以用这种透视方法绘制。

成角透视有两个消失点，所以又叫两点透视。成角透视容易表现出体积感，因此适合绘制建筑物等体量感强的物体。

(二)构图

静物画的空间布置要依靠构图来完成。将所要表现的物象宾主分明、错落有致，构成一个协调、完整的画面，这就是构图。南齐谢赫“六法论”中就曾提及“经营位置”在绘画中的重要作用。

构图要先立意，然后构思，同时要有取舍。在表现画面内容方面有以下几点。

(1) 首先，要将所绘制物品分类，并选择适当、协调一致的物象，主次分明。如风景画以山为主体，树石为辅，点景人物掩映其间。

(2) 其将不同物体融于同一画面中，应选择大小、高矮协调，体积适度的物象，不要尺寸过于悬殊。

(3) 构图要符合均衡与对称、对比、画面均衡、黄金分割等基本原则。

(4) 最后，画面布局要错落有致、疏密适当。注意前后关系、明暗、黑白、冷暖等色彩对比。

四、教学案例应用

(一)画法

徒手画是手工造型能力的基础，它运用简练的美术语言来塑造物体形象。造型能力缺失，美术这种独特的艺术语言将成为无本之木。静物徒手画绘制，应遵循先立意，后构图，再深入的原则。首先从整体上把握，然后局部调整，再利用几何形体解析法观察、概括所画的物象，并时刻牢记静物是由基本形体组合而成的要领。

(二)步骤

(1) 按照静物的分类，确定前后关系。整体安排，主次明晰。

(2) 概括地绘制大体图形。确定长、宽比例并抓主线找结构。

(3) 细节深入，局部调整。

(4) 按照先整体，后局部的原则完成作品。不要主次不清、前后关系混乱。

(三)教师徒手静物画示例

1. 简单的静物练习

训练要点：用几何形体解析画法概括形体。熟悉点、线、面的造型方法，如图6-14所示。

图6-14　静物画

2. 作品示例

如图6-15~图6-21所示。

图6-15　《花卉》/静物画作品/张彩侠

图6-16　《蔬菜》/静物画作品/张彩侠

图6-17　《书包》/静物画作品/张彩侠

图6-18　《菠萝》①/静物画作品/张彩侠

图6-19　《菠萝》②/静物画作品/张彩侠

图6-20　静物画①

图6-21　静物画②

第四节　风　景　画

折纸.mp4

教师徒手风景画一般由山川、河流、建筑、植物等组成，涵盖范围比较广。由于风景画所表现的对象为辽阔、丰富的大自然，可入画的内容繁杂，因此整体把握与细节处理就显得尤其重要。

一、风景画的透视

风景画是一种表现远近空间关系的绘画形式，因此掌握自然透视、空气透视的原理十分重要。

(一)自然透视

自然透视简言之就是要注意空间中“近大远小”的变化。也就是说，同样大小的物体，离视线越远，显得越小，反之越近的显得越大。同样的物体，会因为距离远近而产生“近大远小”的视觉差。如果不理解这种与常识不一致的视觉差，就会导致绘制效果失真。

(二)空气透视

当你希望在画中表示出所绘物体的远近空间感，就应该将空气表现厚一点。如眺望远山时，由于你的眼睛与远山之间隔着空气，因此这样会导致远山颜色发蓝，同时有些模糊。在画中，推进空间远近的方法就是使远处物体颜色更蓝，轮廓线更模糊。由于空气越靠近地面越厚，越远离地面越稀，因此远山山顶轮廓线辨识度会更高。这也就是我们常说的“近实远虚”。

总之，我们绘制风景画时一定要注意：距离近的物体体积要大一些，同时要表现其清晰的轮廓线；距离远一些的物体体积要小一点，轮廓线尽量虚化。

二、风景画的构图

在中国古代，风景画的构图便有“三远”的理论传世。在山脚望山顶为高远；从前山看后山为深远；在近处眺望远方为平远。这些原理同样适用于教师徒手风景画的创作。

在用简单的线绘制风景画时，首先应确立视平线的位置。视平线与绘制者的眼睛等高，以视平线区分天与地的界线，然后按远、中、近的秩序安排山川、树木、河流等层次关系。

常见的风景画构图方式如下。

(一)三角形构图

这是一种常见的构图形式。三个视觉中心确立主要景物的位置，给人以稳定感，并有利于完善画面。

(二)对称形构图

这种构图方式会给画面带来平衡、庄重、和谐的美感，但是把握不好会流于呆板。

(三)“S”形构图

用“S”形构图布置画面，能使整个画面韵律十足。同时能加深画面空间感，延展画面深度。

另外，还有“X”形构图法、紧凑式构图法、放射式构图法等。根据场景的不同，各有特点。

三、教学案例应用

(一)取景

作画时首先要考虑画面内容进行取景，多种物象在大自然中自由组合，当我们绘制其中某一场景时，必须对其进行取舍。

(二)确定构图方式

将所选取的自然片段，根据所选择的画面内容，选择适当的构图方式，对客观物象进行加工、提炼、概括。

(三)实际应用

教师徒手风景画是由山川、植物、建筑等组成。因此分门别类对各种物象进行描绘练习非常重要(见图6-22、图6-23)。

(1) 绘制植物，要学会各种树的画法、花草的画法等。使学生能够熟练掌握一些常见植物的徒手画的表现方式。画建筑物时，首先要符合透视规律，同时了解各种典型建筑物的外形特征，根据特征进行绘制。

图6-22　植物①

图6-23　植物②

(2) 总体把握画面。合理地取景、构图，完善教师徒手风景画的绘制(见图6-24)。

图6-24　风景

本章小结

本章主要介绍了教师徒手画的种类与制作过程，重点介绍了教师徒手画的构思方法与特点、人体结构与比例、静物画的符号语言、风景画的透视与构图。在此基础上，又对人物画、动物画、静物画、风景画的绘制过程进行了解析。

思考题

1. 表现出儿童的各种运动动势。
2. 将动物与风景进行结合，创作一幅情境作品。

参考文献

[1] 谭红丽，战国栋. 草编[M]. 北京：中国社会出版社，2008.

[2] 刘婷婷，等. 第一本教你做基础布艺的书[M]. 海口：南海出版社，2009.

[3] 董占军，乔凯. 玩具[M]. 北京：中国社会出版社，2008.

[4] 王连海. 中国民间玩具简史[M]. 北京：北京工艺美术出版社，1997.

[5] 倪宝诚，倪珉子. 布玩具[M]. 上海：上海远东出版社，2010.

[6] 廖娟. 手作布玩偶[M]. 重庆：重庆出版社，2011.

[7] 宋培贤，丹妮. 玩具与民间工艺[M]. 长沙：湖南科学技术出版社，2009.

[8] 五洲传播出版社. 中国布艺[M]. 北京：五洲传播出版社，1999.

[9] 陈晓萍. 民间布艺[M]. 北京：中国轻工业出版社，2007.

[10] 方明. 手工设计[M]. 杭州：中国美术学院出版社，2010.

[11] 张健. 手工制作及材料[M]. 天津：天津大学出版社，2011.

[12] 夏艳. 民间玩具在幼儿美术教育中的作用[J]. 教育探索，2008(8).

[13] 潘鲁生. 论中国民间玩具的审美形式特征(节选)[J]. 艺苑(美术版)，1995(3).

[14] 刘颖，王海波. 从民间玩具艺术看现代儿童玩具的发展[D]//2006年中国机械工程学会年会暨中国工程院机械与运载工程学部首届年会论文集. 北京：机械工业出版社，2006.

[15] 张新沂. 中国民间玩具艺术的保护与传承[G]//科学发展惠及民生——天津市社会科学界第八届学术年会优秀论文集(上). 天律：天津人民出版社，2012.

[16] 马春. 挖掘民间游戏 拓展幼教空间[A]. 国家教师科研基金十一五阶段性成果集(云南卷)[C]. 2010.

[17] 于开莲. 幼儿手工制作活动中的问题解决与教师指导[J]. 学前教育研究，2008(2).

[18] 胡媛. 幼儿手工制作指导方法探讨[J]. 学园，2014.

[19] 谷峥霖. 幼儿手工作品在幼儿园环境创设中的价值与应用[J]. 教育导刊，2010(22).

[20] 陈娉婷，谌明霞. 关于幼儿手工制作教学探讨[J]. 大众文艺，2011(1).

[21] 于开莲. 科学与艺术的融合：幼儿手工制作活动双重价值探析[J]. 幼儿教育(教育科学版)，2008(9).

[22] 赵英. 探析幼儿手工作品在幼儿园环境创设中的应用价值[J]. 考试周刊，2014(1).

[23] 李军. 在手工活动中促进幼儿身心全面发展[J]. 新课程(上)，2012(2).

[24] 黄清华. 手工制作在幼儿园环境中的应用[J]. 成才之路，2012(9).

[25] 张成镇. 草编工艺(节选)[J]. 浙江工艺美术，1994(3).

[26] 沈建洲. 手工基础教程[M]. 上海：复旦大学出版社，2009(5).

[27] 曲婷. 山东莱州草编艺术研究[D]. 苏州：苏州大学，2009(5).